Mediation – Konflikte besser lösen

Beobachter-Edition
4., überarbeitete Auflage, 2015

www.beobachter.ch

Herausgeber: Der Schweizerische Beobachter, Zürich
Lektorat: Ursula Trümpy, Zürich
Umschlaggestaltung und Layout: Cornelia Federer, Zürich
Umschlagillustration: illumueller.ch
Druck: CPI Books GmbH, Ulm
ISBN 978-3-85569-898-1

Mit dem Beobachter online in Kontakt:

www.facebook.com/beobachtermagazin
www.twitter.com/BeobachterRat
www.beobachter.ch/google+

MIX
Papier aus verantwortungsvollen Quellen
FSC www.fsc.org
FSC® C083411

ESTHER HAAS | TONI WIRZ

Mediation – Konflikte besser lösen

Beobachter edition

Ein Ratgeber aus der Beobachter-Praxis

Die Autoren

Esther Haas ist Mediatorin SDM-FSM mit Mediationsausbildung DEZA, Bern, und inmedio, Berlin, sowie Nachdiplomstudium in Gemeinde-, Stadt- und Regionalentwicklung HSA Luzern. Sie arbeitet als freiberufliche Mediatorin, Kommunikationsfachfrau und Organisatorin von Entwicklungsprojekten im öffentlichen Raum.

Toni Wirz ist Sozialarbeiter HSA mit Mediationsausbildung an der HSA Bern. Er leitete von 2002 bis zu seiner Pensionierung 2014 das Beobachter-Beratungszentrum.

Dank

Wir danken allen Kollegen für die Unterstützung bei den Recherchen, namentlich: Günther Bächler, Sylvie Berchtold-Remund, Peter Bösch, Sibylle Feuz, Walter Hoffmann, Hansruedi Lienhard, Leonie Meier, Rainer Metzler, Hansueli Müller-Yersin, Rosmarie Naef, Vinzenz Rösli, Susanna Sacchetti, Andrea Staubli, Elenor Wägmann, Ljubjana Wüstehube und Martin Zwahlen.
Dieses Buch ist in Zusammenarbeit mit dem Schweizerischen Dachverband Mediation (SDM) entstanden. Wir danken den Mitgliedern der Kommission Kommunikation und dem Vorstand des Dachverbandes für die fachliche Durchsicht des Manuskripts.

Download-Angebot zu diesem Buch
Unter www.beobachter.ch/download (Code 8981) finden Sie weitere Informationen sowie eine Reihe von Musterbriefen, die Sie herunterladen und an Ihre individuelle Situation anpassen können. Die zum Download zur Verfügung stehenden Dokumente im Anhang dieses Buches sind mit dem entsprechenden Signet gekennzeichnet.

Inhalt

2 Anwendungsfelder der Mediation 41

Vorwort

Konflikte begleiten unser Leben – aber kaum jemand weiss damit umzugehen. Wir suchen Berater, beschäftigen Gerichte und beobachten konsterniert, wie Streitigkeiten eskalieren und wir die Kontrolle darüber verlieren.

Als die Mediation vor gut 25 Jahren in der Schweiz – anfänglich vor allem im Zusammenhang mit familiären Auseinandersetzungen – Fuss fasste, überzeugte sie als die meist schnellere und kostengünstigere Alternative zu gerichtlichen Auseinandersetzungen. Hauptsächlich aber befähigte sie die Streitparteien, ihren Konflikt eigenverantwortlich zu lösen. Dies führte in den allermeisten Fällen zu zufriedeneren Parteien und nachhaltigeren Lösungen. Mittlerweile ist die Mediation auf derart breites Interesse gestossen, hat sie sich in so vielen Bereichen Respekt als alternative Konfliktbearbeitungsmethode verschafft, dass sie aus unserer Streitkultur nicht mehr wegzudenken ist. Und seit die einheitliche Zivilprozessordnung in Kraft ist, hat sie sogar einen festen Platz als anerkannte Alternative zum obligatorischen Schlichtungsverfahren. Es ist zu hoffen, dass sie sich in unmittelbarer Nähe zum eher rigiden gerichtlichen Verfahren die Flexibilität, Offenheit und Interdisziplinarität bewahrt, die ihr zum Erfolg verholfen hat.

Inzwischen sind wir mit einer ständig wachsenden Flut von Fachpublikationen zum Thema Mediation konfrontiert – sich einen schnellen Überblick zu verschaffen, wird immer schwieriger. Da kommen komprimierte Darstellungen wie die vorliegende gerade richtig. Lassen Sie sich für das spannende Feld der Mediation begeistern!

Peter Liatowitsch
Anwalt, Notar und Mediator
im Mai 2015

*«Wir brauchen nicht so fortzuleben,
wie wir gestern gelebt haben. Macht Euch nur
von dieser Anschauung los, und tausend
Möglichkeiten laden uns zu neuem Leben ein.»*

Christian Morgenstern

ZUM EINSTIEG – DAS WICHTIGSTE IN KÜRZE

Was bedeutet Mediation?

Mediation ist die Kunst, Konflikte konstruktiv zu bearbeiten und zu lösen. Wenn Sie sich in eine Auseinandersetzung verstrickt haben, aus der Sie allein keinen Ausweg mehr finden, können Mediationsfachleute Sie und die andere Konfliktpartei mit dieser professionellen Methode darin anleiten und unterstützen, eigenverantwortliche und faire Lösungen zu finden. Mediation fragt nicht nach Schuld, sondern nach den Interessen und Beweggründen der am Konflikt beteiligten Menschen. Mediation ist «der andere Weg», einen Konflikt zu lösen – ein Weg, der Sie vom Gegner- zum Partnermodell führt.

In welchen Situationen ist Mediation sinnvoll?

Bekannt geworden ist die Mediation vor allem im Zusammenhang mit Ehescheidung. Sie eignet sich aber ebenso zur Lösung von Konflikten im weiteren Familienkreis, mit Nachbarn, in der Schule, am Arbeitsplatz, zwischen Geschäftspartnern, in der Wirtschaft, im öffentlichen Bereich – eigentlich überall dort, wo Einzelpersonen oder Gruppen von Personen mit anderen Menschen in Streit über ihre Interessen und Bedürfnisse geraten sind.

Ist Mediation ein Verfahren für alle Fälle?

Mediation ist für viele Menschen die geeignete Methode, um ihren Konflikt beizulegen – aber nicht für alle. In gewissen Fällen ist es besser, auf Mediation zu verzichten und andere Lösungswege einzuschlagen. So ist es eher angezeigt, ein Gericht entscheiden zu lassen, wenn bestimmte Voraussetzungen fehlen, zum Beispiel die aufrichtige Bereitschaft aller am Konflikt Beteiligten, sich auf dieses Verfahren einzulassen. Ebenso ungeeignet ist Mediation, wenn ein grosses und unüberwindbares Machtgefälle zwischen den Parteien besteht oder physische Gewalt im Spiel ist.

Auf welchen Voraussetzungen basiert Mediation?
Wenn Sie wollen, dass die Mediation gelingt, müssen Sie – und natürlich auch die Gegenpartei – den Wunsch haben, den Konflikt einvernehmlich zu bearbeiten und zu lösen. Auch wenn Sie unter Druck stehen, braucht es ein gewisses Mass an Freiwilligkeit und die Bereitschaft, sich auf diesen Lösungsweg einzulassen. Zudem werden Sie in der Mediation nur dann vorankommen, wenn Sie bereit sind, ehrlich über Ihre Motive und Emotionen zu sprechen und alle notwendigen Sachinformationen offenzulegen. Zugleich erfordert Mediation aber auch Vertraulichkeit.

Wie läuft eine Mediation ab?
In der Mediation erwartet sie ein strukturiertes Verfahren. Nach einer Vorbereitungsphase, in der auch Einzelgespräche mit den Parteien möglich sind, folgt der Einstieg mit der Klärung von Auftrag und Ziel. Anschliessend werden die Streitpunkte gesammelt und gewichtet. Dann folgt die Konfliktbearbeitung. Dabei geht es im Wesentlichen darum, die Interessen und Bedürfnisse hinter den Parteistandpunkten zu erkennen und zu akzeptieren. Damit wird der Weg frei für Lösungswege. In der letzten Phase der Mediation handeln Sie mit der zum Konfliktpartner gewordenen Gegenpartei die für beide Seiten optimale Lösung aus und legen diese in einer schriftlichen Vereinbarung fest.

Zu meinem Recht kommen – ist dazu nicht ein Gerichtsverfahren nötig?
In einem Verfahren vor Gericht können Sie alles gewinnen. Aber Sie riskieren auch, alles zu verlieren – nicht nur in Bezug auf Ihr Rechtsverständnis, sondern auch in finanzieller Hinsicht. Zudem hinterlässt ein Gerichtsverfahren oft nur emotionale Trümmerfelder. Mediation bezieht die rechtlichen, wirtschaftlichen und emotionalen Aspekte des Konflikts gleichwertig mit ein und erlaubt ein Ergebnis, das die Parteien einerseits zu einer Einigung führt und ihnen anderseits auch ein entspanntes Mit- oder Nebeneinander für das Leben danach ermöglicht. Die Bedeutung der Mediation als taugliche Alternative zum Gerichtsverfahren hat inzwischen auch der Gesetzgeber erkannt: Seit dem Inkrafttreten der neuen schweizerischen Zivilprozessordnung im

Jahr 2011 hat man die freie Wahl zwischen der staatlichen Schlichtung und der privaten Mediation. Zudem lässt sich jederzeit die Sistierung eines Gerichtsverfahrens beantragen, um eine Mediation durchzuführen.

Wie finde ich einen geeigneten Mediator?

Mediator respektive Mediatorin ist – anders als etwa Rechtsanwalt – keine geschützte Berufsbezeichnung. Das heisst, dass sich jede und jeder unter dieser Bezeichnung mit seinen oder ihren Dienstleistungen auf dem Markt anbieten kann. Der Schweizerische Dachverband Mediation (SDM-FSM) stellt jedoch mit seiner Anerkennung sicher, dass die zertifizierte Fachperson über eine fundierte und anerkannte Ausbildung verfügt, dass sie die Berufsregeln einhält und sich laufend weiterbildet. Vom Dachverband zertifizierte Fachleute dürfen sich Mediator/Mediatorin SDM-FSM nennen. Der zum SDM-FSM gehörende Verein für Familienmediation zertifiziert zudem unter denselben Bedingungen den Fachtitel Familienmediator SVM.

Auch der Schweizerische Anwaltsverband (SAV) und die Schweizerische Kammer für Wirtschaftsmediation (SKWM) zertifizieren Mediatoren nach Ausbildungsstandards und sorgen für eine angemessene und regelmässige Weiterbildung. Achten Sie also bei Ihrer Wahl auf diese Bezeichnungen. Zertifizierte Fachleute finden Sie auf den Websites der entsprechenden Verbände (siehe auch Adressen im Anhang) und im elektronischen Verzeichnis des Dachverbandes: www.infomediation.ch

Was kostet eine Mediation?

Mediation ist oft kostengünstiger als die Beilegung des Streits mit Anwälten vor Gericht. Als professionelle Methode hat sie aber doch ihren Preis. Mediationsfachleute rechnen ihre Dienstleistungen nach Zeitaufwand ab. Es gibt keine einheitlichen Tarife – sie sind Gegenstand von Abmachungen. Heute muss man, je nach Grundberuf der Fachperson und Streitgegenstand, mit einem Stundenansatz von 180 bis 400 Franken rechnen. Für Menschen in bescheidenen finanziellen Verhältnissen gibt es in einigen Kantonen die Möglichkeit der unentgeltlichen, staatlich finanzierten Mediation.

1

Was ist Mediation?

Wie wir Konflikte erleben

Wie schnell erwachsen aus scheinbar banalen Differenzen handfeste Konflikte. Denn meist unterschätzen wir die Einflusskraft unserer Wahrnehmungen, Denkmuster und Gefühle im zwischenmenschlichen Miteinander.

Vielleicht kommt Ihnen das folgende Beispiel bekannt vor: Ein lauer Sommerabend. Sie sitzen mit der Familie im Garten Ihres einseitig angebauten Einfamilienhauses beim Abendessen. Hinter der Thujahecke, die Ihren Sitzplatz vor neugierigen Blicken abschirmt, hören Sie den Nachbarn hantieren. Ihnen schwant nichts Gutes. Und wirklich: Es dauert nicht lange, bis ein beissendes Räuchlein in Ihre Nase sticht. Ärger steigt in Ihnen hoch, haben Sie doch den Nachbarn schon mehrmals eindringlich gebeten, nicht direkt hinter der Hecke zu grillieren. Ihnen wird leicht schwindlig, und das nicht nur wegen des lästigen Geruchs …

Der Faktor Mensch

Differenzen, Spannungen und Konflikte prägen unseren Alltag. Unterschiedliche Standpunkte und Sichtweisen sind im Zusammenleben der Menschen die natürlichste Sache der Welt – sie sind das Salz in der Suppe, würzen gewissermassen die zwischenmenschliche Kommunikation. Diese Unterschiede im Denken, Fühlen und Handeln machen Entwicklung, Neuorientierung oder Aufbruch erst möglich.

Ob unterschiedliche Meinungen und Haltungen sich im aufbauenden Sinn auswirken oder zu einem Konflikt auswachsen, hängt von den beteiligten Menschen ab. «Die Differenz», schreibt der Konfliktforscher und -berater Friedrich Glasl in seinem Buch «Selbsthilfe in Konflikten» , «wird dann zur Spannung oder zum Konflikt, wenn die beteiligten Personen damit nicht mehr konstruktiv umgehen können.»

Sachlichkeit allein genügt nicht

Differenzen gewinnbringend umzusetzen, ist indessen nicht immer einfach. Mit der Bitte, doch bei der Sache zu bleiben, ist es meistens nicht getan. Meinungsverschiedenheiten haben ein reiches Innenleben, das mit blosser Sachlichkeit kaum angesprochen wird. Oder wären Sie zufrieden, wenn der Nachbar auf Ihre Beschwerde antwortete: «Seien Sie doch vernünftig!» oder «Können wir diese Lappalie nicht sachlich diskutieren?»

Friedrich Glasl macht drei verschiedene Ebenen von Differenzen aus: «Wir nehmen die meisten Dinge unterschiedlich wahr:

- Unsere Begriffe, Vorstellungen und Gedanken sind voneinander grundverschieden,
- unsere Gefühle und Emotionen sind nicht dieselben,
- und unser Wollen geht in ganz andere Richtungen.»

Für den einen Menschen ist der Geruch des Gartengrills lästig. Eine andere Person fühlt sich dadurch nicht gestört. Und einem Dritten läuft beim Duft von Gebratenem das Wasser im Munde zusammen ...

Der Nachbar im oben erwähnten Beispiel ist ein Grillfan, und er tut sich schwer mit der Vorstellung, dass der Duft von gegrilltem Fleisch die Familie hinter der Thujahecke belästigen könnte. Er hat wohl die Bitte, den Gartengrill weiter von der Hecke entfernt zu platzieren, gar nicht als echtes Anliegen wahrgenommen. Ihr Standpunkt indessen ist ein anderer: Sie fühlen sich in der Nutzung Ihres Gartens beeinträchtigt und durch die getrübte Wahrnehmung des Nachbarn nicht ernst genommen.

So banal das Beispiel wirkt – es ist aus dem Alltag gegriffen. Auseinandersetzungen um rauchende Gartengrills, um den Schattenwurf von Bäumen oder um Katzendreck im Gemüsebeet gehören im Beobachter-Beratungszentrum genauso zu den Dauerbrennern wie die legendären Streitigkeiten rund um die Waschküche. Wo Menschen gemeinsam leben und arbeiten (müssen), blitzt und donnert es manchmal gewaltig.

Das Problem ist die Mehrdeutigkeit

Im Ärger ergibt schnell ein Wort das andere. Das Tückische an diesen Wortwechseln ist ihre Mehrdeutigkeit. X sagt «Blau», Y hört «Blau mit Rot». Wie vertrackt zwischenmenschliche Kommunikation in ihrer Vielschichtigkeit sein kann, verdeutlicht das einfache Ampelbeispiel aus dem Buch des Kommunikationswissenschaftlers Friedemann Schulz von Thun mit dem Titel «Miteinander reden»:

DIE FRAU SITZT AM STEUER, der Mann auf dem Beifahrersitz. Er: «Du, da vorne ist grün!» Sie: «Fährst du oder ich!?» Was läuft hier schief? Abgesehen davon, dass die Ampel tatsächlich auf Grün steht (Sachinhalt), gibt der Mann der Frau indirekt zu verstehen, dass er

- ihren Fahrkünsten nicht traut (Beziehung);
- es eilig hat (Selbstoffenbarung);
- wünscht, sie würde Gas geben (Appell).

Die Frau ihrerseits hört die Bemerkung hauptsächlich mit dem Beziehungsohr; sie ist verletzt über das Misstrauen ihren Fahrkünsten gegenüber und reagiert voller Abwehr: «Fährst du oder ich!?»

Wenn Konflikte eine Eigendynamik entwickeln

Und wie könnte der Konflikt um den Gartengrill weitergehen? Zum Beispiel so: Die Argumente und Einwände fliegen wie Pingpongbälle hin und her. Die Beteiligten picken sich aus dem Gesagten das heraus, was die eigenen Befürchtungen, Vorahnungen und Vorurteile bestätigt.

Das eigene Wahrnehmungsfeld verkleinert sich: Positive Aspekte der Nachbarschaft werden ausgeblendet, die guten Zeiten, die man miteinander erlebt hat, schlechtgeredet. Mit der Zeit lässt man am «Gegner» kein einziges gutes Haar mehr.

Nachdem klar ist, dass «man mit denen nicht reden kann», schreiten die Parteien zur Tat. So zielt etwa der Gartenschlauch immer wieder «aus Versehen» in Richtung gegnerische Terrasse, und der Grill raucht und raucht...

Der Konflikt hat jetzt ein Eigenleben entwickelt, das selbst die Parteien kaum mehr durchschauen. Mittlerweile ist es tatsächlich zu ahndungswürdigen Taten gekommen. Die Frage des Grillstandortes ist längst in den Hintergrund gerückt. Anwälte werden eingeschaltet.

Der nächste Schritt führt die Parteien vor Gericht. Die Enttäuschung ist allerdings programmiert, denn Rechtsprechung orientiert sich an Fakten und beurteilt, ob geltende Gesetze gebrochen worden sind. All die kleineren und grösseren Hiebe und Gegenhiebe, so verwerflich und verletzend sie für die Parteien aus subjektiver Sicht waren, zählen nicht. Fazit: Das richterliche Verdikt bringt selten die erhoffte Gerechtigkeit. Ein Gerichtsurteil, zu wessen Gunsten es auch ausfällt, stellt den Frieden kaum wieder her. Am bitteren Ende dämmert die Erkenntnis, dass es in dieser Auseinandersetzung eigentlich nur Verlierer gibt: Der gehässige Streit hat allen das Leben im Garten gründlich vergällt.

Der andere Weg: Mediation

Konflikte müssen nicht zwangsläufig vor dem Richter enden. Wem an einer konsensfähigen Lösung gelegen ist, kann auf eine seit Jahrtausenden bewährte alternative Methode vertrauen.

Mediation stellt eine Alternative zum oben beschriebenen Szenario dar. Dabei ist das Konzept der Vermittlung durch eine geschulte, neutrale Person nicht nur auf Konflikte zwischen Nachbarn anwendbar. Überall dort, wo Menschen zusammen leben und arbeiten, kann Mediation das Verfahren der Wahl sein (ab Seite 42 werden die verschiedenen Anwendungsfelder der Mediation ausführlich dargestellt).

Mediation ist indessen mehr als blosse Streitschlichtung. Die Abgrenzung gegenüber anderen Konfliktaustragungsmethoden verdeutlicht das folgende Beispiel:

ZWEI KINDER BALGEN SICH um eine Orange. Konfliktlösungsversuch 1: Die Mutter schimpft die Kinder aus. Ohne auf das Vorgefallene einzugehen, greift sie entnervt zum Messer, schneidet die Frucht in der Mitte entzwei und gibt jedem Kind eine Orangenhälfte. Konfliktlösungsversuch 2: Die Mutter fragt nach, weshalb die Kinder sich streiten. So erfährt sie, dass das eine Kind den Orangensaft trinken möchte, das andere aber die Orangenschale für einen Kuchenteig braucht. Die Kinder kommen nun selber auf die Idee, zuerst die Schale für den Kuchen abzureiben und anschliessend den Saft aus der Frucht zu pressen.

Variante 2 ist für die Kinder eindeutig die optimale Lösung: Beide bekommen das, was sie möchten. Hingegen befriedigt das Halbieren der Orange in Variante 1 ihre Bedürfnisse nur unzulänglich.

Indem die Mutter nach den Bedürfnissen der Kinder fragt und ihnen auch zuhört, erreicht sie zweierlei: Sie unterbricht den Streit und zieht die Aufmerksamkeit auf sich. Zudem fühlen sich die Kinder durch das Interesse der Mutter ernst genommen. Sie müssen sich nun nicht mehr behaupten, sondern können wieder zuhören – und zu zweit nach Lösungen für das Orangenproblem suchen.

Die Konfliktparteien als Experten

Die Beteiligten eines Streits dazu ermächtigen, gemeinsam über Lösungen nachzudenken – das ist Mediation. Das Konzept der Mediation geht davon aus, dass die Konfliktparteien selbst die Experten im Hinblick auf den Inhalt einer Auseinandersetzung sind:

- Es sind die streitenden Personen, die wissen, was geschehen ist, auch wenn ihre Erinnerung in der Hitze des Gefechts Lücken aufweisen kann.
- Die Konfliktbeteiligten allein kennen ihre mit dem Streit verbundenen Gefühle. Dieses Wissen ist umso wichtiger, als es oft Gefühle sind, die eine Konfliktlösung auf der Sachebene verhindern.
- Die Parteien können selbst am besten beurteilen, mit welcher Lösung sie künftig zu leben gewillt sind.

Diese Kompetenzen können jedoch nicht zum Tragen kommen, solange sich die Konfliktbeteiligten in den Haaren liegen. Hier setzt das Mediationsverfahren an, indem es den Prozess der Eskalation unterbricht und die Parteien zu konstruktiven Lösungen anleitet.

Die Mediation bedient sich dabei zweier grundlegender Prinzipien. Auseinandersetzungen aufbauend auszutragen, bedeutet

- eine Lösung für das Problem zu suchen, ohne die Person des Gegenübers anzugreifen;
- zwischen Positionen und Bedürfnissen zu unterscheiden: Erstere sind meistens unverrückbar, Letztere sind oft flexibel und lassen sich daher auf die unterschiedlichste Art befriedigen.

Im Zentrum des Mediationsprozesses stehen deshalb die Interessen und Bedürfnisse aller am Konflikt beteiligten Personen.

Mediation – uralt und doch modern

Mediation ist keine neue, zeitgenössische Erscheinung. Die Menschen kennen die Vermittlung in Konflikten durch neutrale Dritte seit Jahrtausenden. Einige Beispiele:

- Im alten China war Mediation das wichtigste Mittel, um Streitigkeiten beizulegen. Die «Volksversöhnungskomitees» in der Volksrepublik China lösen Konflikte noch heute durch Mediation.
- Von den Führern der Dorfgemeinschaften im historischen Japan wurde erwartet, dass sie in Konflikten zwischen den Bewohnerinnen und Bewohnern vermittelten.
- Um ihre zwischenstadtstaatlichen Konflikte beizulegen, stützten sich Athen und Sparta im antiken Griechenland auf die Vermittlungsdienste anderer Städte.
- Zahlreiche Volksstämme in Afrika kennen die Volksversammlung, die jede und jeder einberufen darf. Eine angesehene Person amtet als Mediator und hilft den Parteien, den Konflikt zu lösen.
- Auch in der Bibel finden sich Ratschläge zur informellen, aussergerichtlichen Konfliktbeilegung durch Dritte. So rät etwa Jesus Christus im Matthäus-Evangelium (18,115–17), einen oder zwei Aussenstehende beizuziehen, wenn ein Regelverstoss nicht im direkten Gespräch bereinigt werden kann.

Das moderne Mediationskonzept

Mediation, wie wir sie heute kennen, hat ihre Wurzeln in den USA, wo bereits 1947 in Arbeitskämpfen Konfliktvermittlungspersonen eingesetzt wurden. Als die USA die Rassentrennung aufhoben, gründete das Justizministerium 1964 den Community Relations Service

(CRS). Aufgabe des CRS war die Beilegung von Konflikten und die Vermeidung von Diskriminierungen rassischer, ethnischer oder nationaler Art durch Vermittlung und Verhandlung.

Die Erfahrungen und Einsichten aus den Anti-Vietnamkrieg-Protesten, den Bürgerrechts- und Frauenrechtsbewegungen in den Sechzigerjahren führten zur Suche nach Alternativen zum gängigen, als unzulänglich empfundenen Rechtssystem. Es entwickelten sich verschiedene Formen der alternativen Konfliktlösung (Alternative Dispute Resolution, ADR), wobei die Mediation ein Teil davon war.

In den Siebzigerjahren breitete sich das Mediationsverfahren als Reaktion auf die Überlastung der US-amerikanischen Gerichte schnell aus. Immer öfter wurden Auseinandersetzungen bei Ehescheidungen offiziell auf den Mediationsweg, an sogenannte Conciliation Courts, verwiesen. Ebenfalls in dieser Zeit entstanden die ersten Gemeinwesen-Mediationszentren (Neighborhood Justice Centers), die sich um Konflikte rund ums Zusammenleben in einer Gemeinde kümmerten und teilweise kostengünstige bis kostenlose Mediationsdienste anboten. Heute hat die Mediation in den USA als alternatives Konfliktlösungsverfahren vor allem im Familienrecht auch auf Gesetzesebene ihren festen Platz.

Beeinflusst durch die starke französische Mediationsbewegung, fasste das Mediationsverfahren in der Schweiz zuerst in der Romandie Fuss. 1988 fand in Genf ein erstes international besetztes Kolloquium zum Thema Mediation statt. 1992 wurde der Schweizerische Verein für Familienmediation gegründet. Als eine der ersten Scheidungsberatungsstellen in der Deutschschweiz nahm die Stelle in Bülach die Mediation in ihr Angebot auf. 1994 wurde in Zürich der Verein «Institut für Mediation» gegründet, der die Mediation in den verschiedensten Anwendungsbereichen fördert. 2004 hat der Schweizerische Dachverband Mediation SDM-FSM ein Anerkennungsverfahren für Mediatorinnen und Mediatoren eingeführt, das für die ganze Schweiz Gültigkeit hat.

Mediation – die Methode der Wahl

Bereits seit einigen Jahren kann Mediation im Jugendstrafprozess anstelle des ordentlichen Verfahrens eingesetzt werden. Und seit 2011 hat die Mediation als Vermittlungsverfahren sogar ihren festen Platz in der eidgenössischen Zivilprozessordnung. Den Parteien steht es frei, anstelle der Vermittlung durch die Schlichtungsstellen die Lösung ihres Konflikts in einer Mediation zu erarbeiten. Damit ist die Mediation als alternative Konfliktlösungsmethode im schweizerischen Recht angekommen.

So funktioniert Mediation

Mediation ist weder Wunderwaffe noch Allheilmittel – ihr Erfolg steht und fällt mit einer ganzen Reihe von Grundvoraussetzungen. Nur wer sich vorbehaltlos auf die Methode einlässt, hat Chancen auf eine einvernehmliche Lösung des Konflikts.

Das Verfahren der Mediation bietet sich immer dann als Lösungsweg an, wenn zwischen zwei oder mehr Menschen ein Konflikt besteht und die Betroffenen den ausdrücklichen Wunsch und den Willen haben, ihren Streit auf einvernehmliche Weise zu bearbeiten und beizulegen. Nicht selten erwächst dieses Bedürfnis aus der Erkenntnis, dass die herkömmliche Methode der Streitbeilegung, das heisst eine ausschliesslich mit juristischen Instrumenten geführte Auseinandersetzung, zerstörerisch sein kann und am Ende zu viele Verlierer hinterlässt.

Grundsätze und Regeln

Wenn Mediation gelingen soll, müssen seitens der Parteien einige Voraussetzungen erfüllt sein. Zudem gilt es, bestimmte Grundsätze und Regeln zu beachten und einzuhalten. Wo auch immer Mediation angewendet wird – ihre Voraussetzungen, Prinzipien und Regeln bleiben sich in allen Konfliktgebieten in den Grundzügen gleich:

Mediation erfordert Wille, Mut, Hoffnung und Zeit

Mediation setzt den Willen voraus, fair zu kommunizieren und auf ein konstruktives Ziel hinzuarbeiten. Sie verlangt den Mut, sich auf einen Lösungsprozess einzulassen, der (noch) nicht alltäglich ist. Sie braucht die Hoffnung auf einen fairen Umgang und die Möglichkeit einer autonom erarbeiteten Lösung. Und sie erfordert Zeit: Es gilt der Grundsatz, dass der Langsamere den Rhythmus und den Zeitbedarf bestimmt. Dennoch dauert Mediation in der Regel nicht länger als ein herkömmliches Konfliktlösungsverfahren, oft sogar kürzer.

Mediation ist ergebnis- und zukunftsorientiert

Jede Mediation hat ein Ziel: eine (schriftliche) Vereinbarung unter den Parteien zur Regelung des Konflikts. Dies setzt einen grundsätzlichen Einigungswillen aller Beteiligten voraus – und die Absicht, eine Einigung auf dem Weg der Mediation zu suchen. Mediation erstrebt Lösungen für die Gegenwart und für die Zukunft. Es geht nicht um die Klärung von Schuldfragen oder darum, psychologische Altlasten aufzuarbeiten. Deshalb beziehen sich die Fragen, die die Mediatorin im Verlauf der Mediation stellt, weniger auf die Vergangenheit, sondern vielmehr auf das, was in Zukunft geschehen soll.

Mediation ist freiwillig

Mediation ist ausdrücklich ein auf Selbstbestimmung ausgerichtetes Verfahren, das auf der Basis von Freiwilligkeit am besten funktioniert.

Unter Zwang oder Druck von aussen – sei es durch die Gegenpartei oder durch Gerichte oder Behörden – ist es oft schwierig, eine Bereitschaft zu konstruktiven Verhandlungen und fairen Lösungen zu entwickeln und aufrechtzuerhalten.

Alle Teilnehmenden sollen zudem jederzeit die Freiheit haben, die Mediation zu beenden oder zu unterbrechen. Menschen, die unter dem Druck eines akuten Konflikts stehen, entscheiden sich allerdings selten absolut freiwillig dazu, die Konfliktlösung aktiv und mit Hilfe von Drittpersonen anzugehen. Es ist normal, wenn zuerst ein gewisser Widerstand überwunden werden muss. Diese Überwindung fällt leichter, wenn man den Parteien in einem Vorgespräch vor Augen führt, dass Mediation mit grösster Wahrscheinlichkeit die beste Alternative zu anderen, herkömmlichen Streiterledigungsverfahren ist. Denn sie ist schneller und kostengünstiger als ein gerichtliches Vorgehen und bietet, wie im Folgenden noch gezeigt wird, jede Menge weitere Vorteile.

INFO *Manchmal hat die Freiwilligkeit Grenzen – vor allem dann, wenn die Interessen von Kindern im Spiel sind: In schwierigen Ehescheidungs- und Kindesschutzverfahren können Gerichte und die Kindes- und Erwachsenenschutzbehörden (KESB) Eltern zwingend zur Mediation anhalten. Dies ist vor allem dann der Fall, wenn das Wohl von Kindern durch den eskalierenden Konflikt der Eltern gefährdet ist.*

Mediation setzt Informiertheit voraus

Wissen bedeutet Macht, und ein unterschiedlicher Wissensstand führt unweigerlich zu einem Machtgefälle zwischen den Beteiligten. Keine gute Voraussetzung für eine Mediation. Konstruktive Verhandlungen und faire Lösungen sind nur möglich, wenn die Parteien über alle Informationen verfügen, die als Grundlagen für die zu treffenden Entscheidungen notwendig sind. Dazu gehört die umfassende Kenntnis der materiellen Tatsachen und der gesetzlichen Ansprüche, Rechte und Pflichten. Informiert sein heisst aber auch, sich die eigenen Interessen, Gefühle, Bedürfnisse und Wünsche bewusst zu machen.

Mediation erfordert Offenheit

Mediation kann nur dann zu einem echten Erfolg führen, wenn die Motive, Bedürfnisse, Interessen und auch die Emotionen möglichst offen ausgesprochen werden. Deshalb verpflichten sich die Parteien, alle für die Verhandlungen und Entscheidungen wichtigen Informationen offenzulegen und die entsprechenden Belege und Dokumente auszutauschen. Und nochmals: Es geht nicht nur um harte Fakten, sondern auch um weiche Informationen über die Befindlichkeit, die Wünsche, Hoffnungen und Sorgen der Beteiligten.

Mediation basiert auf Vertraulichkeit

Wer Informationen offenlegt, muss sich darauf verlassen können, dass diese nicht missbraucht werden. Daher gilt der Grundsatz, das in der Mediation Besprochene vertraulich zu behandeln. Denn einer Partei könnte es zum Beispiel peinlich sein, eine bisher geheim gehaltene Information preiszugeben. Oder es geht darum, geschäftliche und wirtschaftliche Interessen zu schützen. Oft befürchten die Parteien auch, dass die Informationen später gegen sie benutzt werden.

Gänzlich lassen sich solche Faktoren nicht beseitigen, aber ihnen wird in der Mediation Rechnung getragen, indem man schon zu Beginn im Mediationsvertrag zwischen den Parteien und der Mediationsperson absolute Vertraulichkeit vereinbart. Alle Beteiligten versprechen einander, die gewonnenen Informationen nicht nach aussen zu tragen und – falls die Mediation scheitert – in einem nachfolgenden Gerichtsverfahren nicht gegeneinander zu verwenden. Ausnahmen sind nur mit Einwilligung aller Beteiligten möglich, beispielsweise dann, wenn die Öffentlichkeit oder eine Personengruppe über einzelne Ergebnisse informiert werden soll. Die Vertraulichkeit gilt selbstverständlich auch für die Mediatorin. Sie wird weder freiwillig vor Gericht als Zeugin auftreten noch eine der Parteien in dieser Sache jemals anwaltlich vertreten.

DAS ZEUGNISVERWEIGERUNGSRECHT

Gemäss Artikel 139, Absatz 3 des Schweizerischen Zivilgesetzbuches können Personen, die für die Ehegatten als Ehe- oder Familienberater oder als Mediatoren tätig gewesen sind, vor Gericht weder Zeugnis ablegen noch Auskunftsperson sein. Diese Bestimmung gilt allerdings nur für Scheidungs- und Trennungsverfahren. In allen übrigen Rechtsgebieten haben Mediationspersonen kein Zeugnisverweigerungsrecht. Das bedeutet, dass sie vor Gericht aussagen müssen. Werden sie als Zeugen vorgeladen und verweigern sie die Aussage, machen sie sich des Straftatbestands der Zeugnisverweigerung schuldig. Diese Problematik lässt sich von vornherein ausschliessen, wenn die Parteien sich im Mediationsvertrag verpflichten, die Mediatorin oder den Mediator in einem allfälligen Gerichtsverfahren nicht als Zeugin respektive Zeugen anzurufen.

Angehörige bestimmter Berufsgruppen, die auch als Mediatorinnen und Mediatoren tätig sind (Anwälte, Ärzte, Pfarrer), können ein besonderes Berufsgeheimnis geltend machen und die Zeugenaussage verweigern.

Mediation verlangt Autonomie

In der Mediation bestimmen die am Konflikt beteiligten Parteien den Inhalt des Gesprächs und suchen selbständig und eigenverantwortlich nach einer Lösung. Entscheidungen werden nicht an Fachleute oder an ein Gericht delegiert. Das erfordert die Fähigkeit und die Bereitschaft der Beteiligten, für sich einzustehen und die eigenen Interessen autonom zu vertreten.

Eigenverantwortung in der Mediation bedeutet: Die Parteien müssen das Nötige tun, um ihre Situation gründlich zu verstehen; sie müssen sich über ihre persönlichen Prioritäten klarwerden, also ihre Bedürfnisse, Zukunftspläne und Schwerpunkte kennen und formulieren können, und sie müssen bereit sein, sich in einem Streit selbst zu vertreten.

Mediation hat Vorrang

Mediation verträgt sich nicht mit gleichzeitig laufenden gerichtlichen Auseinandersetzungen. Die Konfliktparteien verpflichten sich deshalb, während der Mediation auf die Einleitung gerichtlicher Verfahren zu verzichten oder bereits laufende Verfahren zu sistieren. Das heisst aber nicht, dass gleichzeitig und ausserhalb der Mediation stattfindende rechtliche, soziale oder psychologische Beratung und Begleitung verboten wäre. Im Gegenteil: Dies kann die Autonomie der Parteien stärken und faire Lösungen fördern.

Mediationsfachleute sind neutral

Weil die Mediatorin nichts mit der Auseinandersetzung zu tun hat und erst mit ihrer Tätigkeit als Mediatorin mit dem Konflikt und den Menschen, die ihn lösen wollen, konfrontiert wird, ist sie eine Dritte im Geschehen und kann grundsätzlich unvoreingenommen an die Sache herangehen.

So weit, so klar. Doch Neutralität in der Mediation bedeutet mehr: Mediatorinnen und Mediatoren verhalten sich auch in Bezug auf das Ergebnis der Verhandlungen neutral. Sie wenden sich allen Parteien verständnisvoll zu und unterstützen sie im Bemühen um eine konstruktive Kommunikation. Diese Haltung wird auch «Allparteilichkeit» oder «positive Neutralität» genannt.

Es ist eine wichtige Aufgabe der Mediationsfachleute, diese Neutralität während der Mediation zu wahren. Hat eine der Parteien (oder haben alle Parteien) den Eindruck, der Mediator sei nicht mehr neutral, bevorzuge eine Partei oder versuche gar, seine eigenen Ideen und Meinungen durchzusetzen, sollte dies unbedingt angesprochen und geklärt werden. Die Neutralität des Mediators hat allerdings auch Grenzen: Laufen die Parteien Gefahr, offensichtlich unfaire Entscheidungen zu treffen oder rechtswidrige Vereinbarungen zu beschliessen, liegt es in seiner Verantwortung, darauf aufmerksam zu machen und die Parteien beim Lösen solcher Probleme zu unterstützen.

INFO *Die Grundsätze und Regeln sind Bestandteil des Arbeitsbündnisses zwischen der Mediationsperson und den Konfliktparteien. Sie werden in einem Mediationsvertrag (siehe Vorlage im Anhang) schriftlich festgehalten. Der Vertragsschluss gehört zur ersten Phase des Mediationsverfahrens (siehe folgendes Kapitel).*

So verläuft eine Mediation

Eine Mediation vollzieht sich zwar nicht geradlinig von der ersten bis zur letzten Phase, dennoch folgt sie einem planmässigen, standardisierten Vorgehen, das sämtlichen Entwicklungsschritten Rechnung trägt.

Am besten stellt man sich den Verlauf einer Mediation kreisförmig vor, mit Ein- und Ausstieg und mehreren Durchgängen. Je weiter die Parteien im Prozess fortschreiten, desto mehr öffnet sich ihre Wahrnehmung und ändert sich ihr Gesprächs- und Konfliktverhalten. Mitten in der Konfliktbearbeitung tauchen neue Themen auf; bei der Lösungssuche erwächst ein neuer Konflikt, die Beteiligten fallen auf frühere Positionen zurück, ihre Interessen und Bedürfnisse können sich verändern und die Zielsetzung beeinflussen. Und während bereits an der Vereinbarung gearbeitet wird, fallen den einen oder anderen neue Lösungsmöglichkeiten ein. All das macht es sinnvoll und nötig, zirkulär vorzugehen. Die Mediatorin wird die Parteien im Verlauf des Verfahrens zu diesem Zweck wiederholt durch frühere Phasen der Mediation führen und begleiten.

DIE KLASSISCHEN PHASEN DER MEDIATION

- **Vorlaufphase:** Einzelgespräche mit den Parteien, Informations- und Motivationsarbeit, Auftragsklärung, Planung und Organisation
- **Phase 1:** Einstieg, Klärung von Auftrag und Ziel, Abschluss eines Arbeitsbündnisses
- **Phase 2:** Sammlung und Gewichtung der Konfliktthemen und Streitpunkte
- **Phase 3:** Konfliktbearbeitung: von den Positionen zu den Bedürfnissen und Interessen
- **Phase 4:** Suchen und Ausarbeiten von Lösungsmöglichkeiten
- **Phase 5:** Aushandeln der besten Lösung, Einigung, (schriftliche) Vereinbarung, Schlussritual
- **Umsetzungsphase:** Erproben der Vereinbarung, Nachfolgetreffen, allfällige Nachverhandlung bei Umsetzungsproblemen

---

Vorlaufphase: Mediation vorbereiten

Wenn zwei, die sich streiten, sich des Gegenstands und Umfangs ihres Konfliktes bewusst sind und motiviert und willens, diesen durch Mediation zu bearbeiten und zu lösen, dann erfordert dies keine grosse und lange Vorbereitung; es reicht, sich einen Mediator zu suchen und den Termin für das Erstgespräch zu vereinbaren – dann kann die Mediation auch schon beginnen.

Nicht immer ist die Ausgangslage aber so klar und einfach. Bei Mehrparteienmediationen, bei sehr komplexen Konfliktsituationen und auch dann, wenn ein Teil der Parteien motiviert ist, ein anderer jedoch skeptisch, lohnt es sich, einige Zeit und Mühe in die Vorbereitung der Mediation zu investieren. Dazu zählen die Umschreibung des Konflikts, die Klärung des Teilnehmerkreises, die Definition des Auftrags an die Mediatoren sowie Informationen über Voraussetzungen, Inhalt und Ablauf der Methode. Die Mediationsfachleute unterstützen die Parteien in dieser Phase durch Einzelgespräche und Informationen, ohne aber bereits näher in den Konflikt einzusteigen – sie würden sonst ihre Neutralität gefährden. Die Vorbereitungsphase ist nicht nur für die Parteien wichtig, sondern auch für die Mediatoren: So können sie sich optimal auf ihre Aufgabe vorbereiten.

Phase 1: in die Mediation einsteigen

Wenn die Parteien zur Mediation bereit sind, treffen sie sich zum Erstgespräch mit der Mediatorin oder dem Mediator. Nun geht es zunächst darum, ein Arbeitsbündnis zwischen allen Beteiligten zu gestalten. Die Mediatorin orientiert die Konfliktparteien über die Möglichkeiten und Grenzen der Mediation und erläutert deren Ablauf. Sie erklärt ihre Rolle und weist ein erstes Mal auf die Regeln der Mediation hin. Dann wird nach den Gründen gefragt, die zu dem Entschluss geführt haben, eine Mediation in Anspruch zu nehmen. Auch die Motive der Parteien und die Voraussetzungen für die Mediation (siehe Seite 25) werden besprochen. Schliesslich werden Gesprächsregeln festgelegt, beispielsweise die, dass man sich nicht gegenseitig unterbrechen und einander nicht beschimpfen soll.

Zum Einstieg gehört auch die Vereinbarung der Rahmenbedingungen: Honorar, Dauer und Ort. Die Abmachungen der ersten Phase werden im Mediationsvertrag (siehe Vorlage im Anhang) festgehalten.

Phase 2: Themen sammeln und Streitpunkte erarbeiten

Meist schon in der ersten, bestimmt aber in der zweiten Mediationssitzung werden die Themen gesammelt, die die Konfliktparteien beschäftigen. In einem zweiten Schritt erarbeitet man die Streitpunkte und stellt fest, wo bereits Übereinstimmung herrscht. Dabei achtet der Mediator darauf, dass die Beteiligten nicht zu früh auf Einigkeit hinsteuern: Tragfähige Lösungen können nur entstehen, wenn den Parteien die eigene Position und die Unterschiedlichkeit der Standpunkte bewusst geworden ist.

Den Konflikt analysieren

Zunächst geht es darum, dass jede Partei den Konflikt aus ihrer Sicht schildern kann. Die Streitenden sollen «den Kropf leeren» und sich so Luft verschaffen. Durch die Anwesenheit eines allparteilichen Dritten lässt sich so manches aussprechen, was bisher im Dunkeln geblieben ist. Die Mediationsperson achtet darauf, dass alle gleichmässig zu Wort kommen, dass keine Partei die andere mit einem Redeschwall dominiert und dass die Gefühle nicht entgleisen. Für manche ist dieser Vorgang ungewohnt, das Ergebnis aber oft überraschend: Viele hören nach langer Zeit erstmals wieder zu, sie nehmen vielleicht sogar zum ersten Mal überhaupt die Sichtweise der anderen Konfliktpartei zusammenhängend und vollständig wahr.

Wenn die Themen benannt, die Streitpunkte und Gemeinsamkeiten deutlich geworden sind, werden sie auf die Reihe gebracht: Welche Punkte müssen zuerst geklärt werden? Was lässt sich schnell und einfach regeln, was muss man vertieft und langsamer angehen?

Sich Überblick verschaffen

Am Ende der zweiten Phase haben die Parteien eine Übersicht über die anstehenden Konfliktthemen und Streitpunkte gewonnen und können vielleicht auch schon Ziele erkennen. Der Berg an Problemen, vor dem sie lange Zeit ohnmächtig standen, wurde vermessen und in einzelne kleine Hügel geschichtet, der Weg zur Lösung in Etappen aufgeteilt und vorgezeichnet. Unsicherheiten und Ängste sind so weit wie möglich abgebaut. Im Mediationszimmer sitzen sich nun nicht mehr ohnmächtig Streitende gegenüber, sondern eigenständige Verhandlungs- und Vertragspartner. Jetzt kann die eigentliche Konfliktbearbeitung beginnen.

Phase 3: Konflikt bearbeiten

Den Standpunkt der Gegenpartei im Konflikt zu kennen, heisst noch nicht, ihn auch zu verstehen oder gar zu akzeptieren. Genau dies ist aber eine wichtige Voraussetzung, um in den Verhandlungen weiterzukommen. In dieser Phase geht es deshalb darum, die Motive hinter den Standpunkten zu ergründen.

Neue Perspektiven gewinnen

Die Parteien erkennen dabei, dass ihren Standpunkten zwar eine unterschiedliche, grundsätzlich aber gleichwertige Sicht der Dinge zugrunde liegt. Das ermöglicht ihnen eine positive Umdeutung von Streitfragen. Für die Ehefrau in Scheidung zum Beispiel geht es dann nicht mehr primär um die Frage: Wie kann ich möglichst viel Unterhaltsgeld bekommen?, und für den Ehemann im Gegenzug nicht darum, möglichst wenig zahlen zu müssen. Vielmehr lautet das gemeinsame Anliegen: Wie schaffen wir es, zwei getrennte Haushalte angemessen zu finanzieren? Im Streit unter den Arbeitskollegen geht es nicht mehr darum, auf Kosten des Schwächeren eine möglichst vorteilhafte Position zu erringen; sie fragen sich jetzt: Wie können wir mit vereinten Kräften eine möglichst gute Leistung erbringen, unseren Auftrag richtig erfüllen? Im Streit der Erbengemeinschaft geht es nicht mehr darum, die Bewertung des Elternhauses in die Höhe zu treiben, sondern die Söhne und Töchter fragen sich, wie man den Teilungsmodus gestalten könnte, damit das Haus nicht verkauft werden muss.

Den Emotionen Raum geben

Das klingt einfacher, als es ist. Denn es fällt den Streitenden natürlich nicht leicht, die Bedürfnisse des anderen, die Interessen hinter dessen Standpunkt zu verstehen – und noch schwieriger ist es, sie als berechtigt anzuerkennen. Misstrauen, Gefühle der Wut, Eifersucht, Kränkung, Angst oder Trauer stehen dieser Einsicht im Weg. Damit die Verhandlungen nicht blockiert werden, sollen die Betroffenen diese Gefühle aussprechen und von allen Beteiligten gehört und wenn möglich verstanden werden. Es gehört zur Kunst der Mediationsfachleute, den Emotionen Raum zu geben, ohne dass die Offenheit und die Gesprächsbereitschaft auf der Strecke bleiben. Dabei geht es weder um Vergangenheitsbewältigung noch um therapeutische Aufarbeitung. Die Beteiligten sollen lediglich ihren Konflikt mit möglichst geklärten Gefühlen bearbeiten und den Weg zu fairen Lösungen frei machen.

Phase 4: Lösungsmöglichkeiten suchen und ausarbeiten

Mit dem Wissen und dem Verständnis um die hinter den Positionen stehenden Interessen und Bedürfnisse, mit dem Aussprechen der damit verbundenen Gefühle ereignet sich für die Beteiligten eine wichtige Veränderung: Sie betrachten ihr Anliegen nicht mehr nur als Konkurrenzkampf, sondern auch als gemeinsames Problem. Sie erkennen, dass es einfacher ist, den Streit im Miteinander zu überwinden, als ihn im Gegeneinander auszutragen. Das erleichtert die Suche nach Lösungen beträchtlich.

Gut Ding will Weile haben

Schon im Hinblick auf das Sammeln der Themen wurde davor gewarnt, zu früh die (vermeintlich) einfachste, naheliegendste und bequemste Lösung anzusteuern. Im Sinne einer tragfähigen Lösung ist es zwar wichtig, die Standpunkte, Bedürfnisse und Interessen der Parteien zu kennen. Aber das reicht noch nicht. Zunächst geht es darum, möglichst viele unterschiedliche Optionen zu entwickeln: Erst aus der Vielfalt an Möglichkeiten wird schliesslich diejenige gewählt und vereinbart, die das Höchstmass an gegenseitigem Nutzen bietet, den Bedürfnissen und Interessen der Parteien am besten dient und den Vorstellungen von Fairness und Gerechtigkeit am ehesten entspricht.

Im Hinblick auf den kreativen Prozess der Optionsentwicklung lohnt sich ein Blick zurück auf das einfache Beispiel des Kinderstreits (siehe Seite 20). Die Position der Kinder ist die gleiche: Beide wollen unbedingt die Orange in ihren Besitz bekommen. Ohne Eingreifen der Mutter würde der Streit wohl eskalieren, und das Stärkere der beiden würde sich die Orange schnappen. Die schnellste Lösung wäre, die Frucht in zwei Hälften zu schneiden. Die bessere Lösung aber findet sich erst, als die Bedürfnisse und Interessen der Kinder geklärt werden: Das eine Kind hat Durst und will den Saft der Frucht, das andere möchte einen Kuchen backen und braucht dazu die Schale.

Ein kreativer Prozess

So einfach ist es im realen Leben natürlich nicht. Das Beispiel veranschaulicht aber, dass sich gute Lösungen nur finden lassen, wenn die Streitenden sich von ihren Positionen lösen und stattdessen von ihren Bedürfnissen und Interessen ausgehen. Erst dann kann aus der Haltung des Entweder-oder ein Sowohl-als-auch werden. Wenn das gelingt, werden ungeahnte kreative Energien für die Lösungssuche frei.

Die Mediatorin unterstützt diesen kreativen Vorgang nach Kräften, indem sie die Parteien zu einem Brainstorming über Lösungsvarianten animiert: Lösungsmöglichkeiten werden völlig unzensiert und wertungsfrei gesammelt. Auch die ungewöhnlichsten und verrücktesten Ideen sind willkommen. Sie werden vorerst nicht auf ihre Brauchbarkeit geprüft, sondern bloss zusammengetragen und festgehalten. Die Mediatorin hält sich mit eigenen Vorschlägen zurück, gibt Anregungen wie: «Was wäre, wenn ...?» oder «Stellen Sie sich vor ...».

Das Harvard-Konzept des sachgerechten Verhandelns liefert ein weiteres Bild, um zu veranschaulichen, wie man ein vorzeitiges Versiegen der Ideenquellen verhindert: Der Kuchen soll vergrössert werden, bevor man ihn aufteilt. Das Scheidungspaar, das über die Teilung der Unterhaltskosten verhandelt, kann sich beispielsweise fragen, ob sich durch Veränderungen in der Erwerbstätigkeit eine Einkommensverbesserung erzielen liesse. Oder vielleicht kann man Eigentum vermieten, Vermögenswerte auflösen, Stipendien beziehen, Steuern optimieren?

Es wird konkret

Sobald genug Lösungsvorschläge auf dem Tisch liegen, werden sie konkretisiert und einer ersten Bewertung unterzogen. Hier kann es nötig sein, zusätzliche Informationen einzuholen oder (parteiliche) Beratung bei externen Fachleuten in Anspruch zu nehmen (siehe auch Seite 113). Wenn die Parteien eine engere Auswahl an tauglichen und realisierbaren Lösungen getroffen haben, tritt der Prozess der Mediation in die letzte Phase.

Phase 5: Vereinbarung abschliessen

Die Konfliktparteien haben schon viel erreicht: Sie haben das Problem identifiziert und ihre Positionen dargelegt. Sie haben wechselseitige Problemdefinitionen erarbeitet und ihre Bedürfnisse und Interessen transparent gemacht. Sie haben Lösungsvorschläge ausgearbeitet. Sie haben einander zugehört und sich ein Stück weit verständigt.

Rückschläge meistern

Nun aber gilt es, Entscheidungen zu treffen. Viele Konfliktparteien geraten an diesem Punkt der Mediation in eine Krise. Sie nehmen wieder ihre alten Positionen ein, stecken fest – und der Streit droht von neuem zu eskalieren. In diesem Fall wird die Mediationsperson den Parteien vorschlagen, sich die Kriterien, nach denen sie Entscheidungen fällen, bewusst zu machen und sie untereinander auszutauschen: etwa die individuellen Massstäbe von Fairness und Gerechtigkeit, die Bedürfnisse und Interessen der Parteien oder naher Angehöriger, die Qualität der Beziehung unter den Parteien oder die wirtschaftlichen und sozialen Lebensumstände. Die Offenlegung dieser Kriterien und das Gespräch darüber löst Blockaden und bringt die Verhandlung wieder in Gang.

Eine weitere Hilfe auf dem Weg zur Entscheidung ist das Verhandeln nach nützlichen und das Vermeiden von schädlichen Verhandlungsmodellen (siehe Kasten rechts).

Konsens statt Kompromiss

Wenn die Parteien nach den Verhandlungen in dieser letzten Phase Gewissheit darüber haben, dass sie nicht nur eine Kompromiss-, sondern eine Konsenslösung gefunden haben, und wenn diese Lösung nicht nur gleiche Nachteile, sondern möglichst viele Vorteile für alle bringt, dann steht der Abschluss der Mediation kurz bevor; dann geht es nur noch darum, die Lösung in Form einer Vereinbarung festzuhalten.

INFO *Bei Konfliktlösungen mit Auswirkungen auf der rechtlichen Ebene, zum Beispiel bei einer Scheidung, bedarf die Vereinbarung der rechtlich einwandfreien Form, was unter Umständen eine Beratung bei einem Anwalt nötig macht.*
(siehe auch die Erläuterungen zum Thema Familienmediation, Seite 42, sowie das Kapitel über Mediation und Recht, Seite 88).

NÜTZLICHE UND SCHÄDLICHE LÖSUNGSMODELLE

Nützlich:
Ausgleichsmodell: «Ich bekomme, was ich will, und gebe dir dafür einen gleichwertigen Ersatz.»
Orangenmodell: «Ich habe Durst und will den Saft, dafür bekommst du für deinen Kuchen die Schale.»
Kuchenmodell: «Zuerst vergrössern wir den Kuchen, dann schneide ich die Stücke, und du darfst auswählen.
Brückenmodell: «Lass uns nach neuen Möglichkeiten suchen, die wir bisher nicht bedacht haben.»

Schädlich:
Erpressungsmodell: «Wenn du nicht ..., dann ... ich auch nicht.»
Opfermodell: «Ich mache ja alles; immer schon habe ich draufgezahlt – ich will nur meine Ruhe.»
Moralmodell: «Du bist an allem schuld, also kannst du auch bezahlen.»
Schiedsmodell: «Soll doch der Mediator gleich als Schiedsrichter amten.»

Die Umsetzungsphase

Nach Abschluss der Mediation wird sich im Alltag zeigen, ob die Vereinbarung sich bewährt und tatsächlich dazu geeignet ist, die Probleme nachhaltig zu lösen. Oft wird ein Nachfolgetreffen vereinbart, an dem die Teilnehmenden berichten, wie es mit der Umsetzung geklappt hat. Falls nötig und gewünscht, wird ein neuer Mediationstermin vereinbart, um Probleme bei der Umsetzung zu bearbeiten und die Vereinbarung zu ergänzen oder umzugestalten.

2

Anwendungsfelder der Mediation

Mediation in der Familie

Gerade im familiären Umfeld erreicht Mediation sehr viel – nicht nur bei Trennungskonflikten. Streitigkeiten um die Finanzen oder um die Aufteilung der häuslichen Rechte und Pflichten sind ebenso mediationstauglich wie Differenzen im Erziehungsstil oder erbrechtliche Auseinandersetzungen.

Mediation als Konfliktbearbeitungsverfahren wird in der Schweiz seit Beginn der Neunzigerjahre angewandt – von Beginn bis heute vor allem im Bereich Ehetrennung und -scheidung (weitere Anwendungsbereiche: siehe Kasten Seite 47).

Auch das nachfolgende Beispiel handelt von einer Trennung (bei diesem und allen weiteren Beispielen handelt es sich um authentische Fälle aus der Praxis; die Namen der Beteiligten wurden aus Gründen des Persönlichkeitsschutzes geändert).

Fallbeispiel: Trennung und Neubeginn

Regula und Felix sind ein Ehepaar um die 40, gut ausgebildet und beruflich engagiert. Sie haben zwei Kinder, Stefan, 12 Jahre, und Tanja, 7 Jahre. Vor einem halben Jahr ist Felix ausgezogen, Regula ist mit den beiden Kindern im eigenen Einfamilienhaus geblieben. Nun sitzen sie zum ersten Mal am Verhandlungstisch der Mediatorin. Felix hatte sie angefragt und den Termin vereinbart: Am Telefon sagte er, es gehe darum, eine Scheidung vorzubereiten. Das Ganze solle «schnell, aber mit Würde und Anstand» über die Bühne gehen. Seine Frau sei damit einverstanden. Nach der Trennung habe sich die Situation entspannt, man könne wieder ganz gut miteinander reden.

Scheiden tut weh

Es ist heute viel einfacher, sich scheiden zu lassen, als früher – zumindest in juristischer und verfahrenstechnischer Hinsicht. Aber eine Scheidung ist und bleibt für die meisten Paare ein traumatisches Erlebnis: Die Parteien sind nicht nur gezwungen, sich in wichtigen Lebensbereichen zu verständigen und neu zu organisieren, häufig müssen sie sich auch mit intensiven Gefühlen der Wut, des Schmerzes, der Schuld und Trauer auseinandersetzen. Scheidung erfordert – wenn sie denn nicht nur Trümmer hinterlassen soll – die Klärung komplexer emotionaler Probleme und nüchterner Sachfragen. Diesen Spagat schaffen bei weitem nicht alle ohne Hilfe.

Die Sicht des Ehemanns

Auch Felix und Regula tun sich schwer. Als die Mediatorin sie auffordert, die Situation aus je eigener Sicht darzulegen, zeigt sich, dass vor allem Felix gut reden kann. Betont locker berichtet er, wie man sich auseinandergelebt habe; wie Meinungsverschiedenheiten und Gezänk über den Umgang mit Geld und die Erziehung der Kinder zu einer langsamen Vergiftung des Klimas und zur Entfremdung geführt hätten; wie wiederholte Versuche mit Eheberatungen gescheitert seien und wie ihm schliesslich die Liebe zu Regula abhandengekommen sei. Die äussere Trennung sei nur noch die logische Folge gewesen. Seither gehe es allen besser. Er habe sich jetzt entschieden: Er wolle eine rasche Scheidung.

Die Perspektive der Ehefrau

Regula bleibt wortkarg. Anfangs meint sie etwa: «Was bleibt mir anderes übrig, als in die Scheidung einzuwilligen?» oder «Ich habe ja gar keine Wahl!». Dank des geduldigen und beharrlichen Nachfragens der Mediatorin kann sie sich schliesslich öffnen und lässt erkennen, dass sie in einigen Punkten eine wesentlich andere Sicht der Dinge hat: Seit Felix' Auszug gehe es keineswegs allen besser. Infolge der Mehrkosten

BUCHTIPP

Daniel Trachsel: **Scheidung. Faire Regelungen für Kinder – gute Lösungen für Wohnen und Finanzen. www.beobachter.ch/buchshop**

durch den zweiten Haushalt sei das Budget in bedenkliche Schieflage geraten. Die Kinder litten sehr unter der Trennung der Eltern. Und weil die Folgen der Trennung nicht geregelt seien, hätten sich auch die ewigen Streitereien nicht vermindert – im Gegenteil, sie seien noch gehässiger geworden.

Mit der Scheidung hat es Regula gar nicht eilig. Trotz allem liebt sie Felix noch immer, und sie möchte die Familie zusammenhalten. An der Mediation nehme sie nur teil, weil es für die momentane Situation dringend Regelungen brauche, sagt sie gleich zu Beginn. Sie will lediglich eine befristete Trennung vereinbaren und hofft auf Felix' Rückkehr.

Aller Anfang ist schwer

Dass Paare mit unterschiedlicher Motivation und vorerst unvereinbaren Zielen in die Mediation einsteigen, sei normal, hält die Mediatorin fest. Das entlastet Regula und stimmt Felix ziemlich nachdenklich. Die Mediatorin einigt sich mit den beiden darauf, die unterschiedlichen Ziele vorerst so stehen zu lassen und mit der Sammlung und Gewichtung der Themen und Streitpunkte zu beginnen. In dieser Phase gehen die Emotionen hoch. Die Mediatorin strukturiert das Gespräch; sie achtet darauf, dass beide gleichermassen zu Wort kommen und dass sie den Dialog in weiten Teilen als Vermittlerin steuert. Damit hilft sie Regula und Felix, nicht in die bekannten, fruchtlosen Mechanismen der Vergangenheitsbewältigung zurückzufallen: in Schuldzuweisungen, Beschimpfungen, Rechtfertigungen.

Unvereinbare Standpunkte?

Am Ende der zweiten Sitzung steht fest, dass die Analyse und Regelung der finanziellen Situation die vordringlichste Aufgabe ist. In zweiter Priorität werden Felix und Regula darüber verhandeln, wie sie das Besuchsrecht in Bezug auf ihre Kinder regeln wollen.

Das Thema Finanzen nimmt zwei weitere Sitzungen in Anspruch. Bisher konnte man die Familienkosten decken; mit zwei Kindern war es aber nicht möglich, etwas zurückzulegen. Und Felix' zweiter Haushalt verursacht enorme Mehrkosten. Woher soll das Geld kommen? Die Bedarfsrechnung zeigt: Es wird knapp für alle. Einsparungen sind unumgänglich, Zusatzeinnahmen dringend nötig. Diese Problematik führt in die dritte Phase der Mediation.

Die Mediatorin hilft dem Paar mit ihren Fragen, die Motive hinter den Standpunkten, also die Interessen und Bedürfnisse, zu erkennen und auszutauschen. Felix ist zum Beispiel der Meinung, dass es möglich sein müsste, den Kuchen zu vergrössern. Es sei Regula zuzumuten, ihr Arbeitspensum zu erhöhen. Zudem möchte er das Haus verkaufen, um die Wohnkosten zu senken. Hinter Felix' Standpunkt steht das Interesse, seinen Lebensstandard nicht auf das Existenzminimum reduzieren zu müssen. Sein grösstes Bedürfnis sind angenehme Wohnverhältnisse auch für ihn, einerseits wegen seines strengen Berufs und andererseits, weil er die Kinder an den Besuchswochenenden bei sich haben möchte.

Regula sieht zu einer Kuchenvergrösserung weder Anlass noch Möglichkeiten. Felix habe ja sie und die Kinder verlassen; deshalb sehe sie nicht ein, warum sie nun Opfer bringen sollte. Die Bearbeitung dieses Konfliktes fördert bei Regula vor allem das Interesse am Wohlergehen der Kinder zutage und ihr Bedürfnis, eine gute Mutter zu sein. Sie will nicht, dass die Kinder das Zuhause verlieren. Und sie fürchtet, bei einer Ausdehnung ihrer beruflichen Tätigkeit noch weniger Zeit für sie zu haben.

Brückenschlag zu einer gemeinsamen Ebene

Über das Thema der Sorge um die Kinder gelingt schliesslich eine Annäherung der Standpunkte. Im Bemühen, eine für die Kinder möglichst günstige Lösung der wirtschaftlichen Trennungsfolgen zu gestalten, finden die beiden eine gemeinsame Ebene. Diese Kooperations-

BUCHTIPP

Daniel Trachsel: **Trennung – von der Krise zur Lösung. Kinder, Rechtliches, Finanzen. www.beobachter.ch/buchshop**

bereitschaft verstärkt sich noch im Verlauf der fünften und sechsten Sitzung, als das Paar sich dem nächsten Konfliktfeld zuwendet, der elterlichen Zusammenarbeit in Erziehungsfragen und der Regelung der Besuchszeiten.

Die positive Wende zeitigt Wirkung: In dem Masse, wie das gegenseitige Verständnis für die Beweggründe wächst und die Fixierung auf unvereinbare Standpunkte sich lockert, nimmt die emotionale Hochspannung zwischen Felix und Regula ab. Das wiederum ermöglicht es dem Paar, die mit der Trennung verbundenen Gefühle von Wut und Schmerz, Schuld und Trauer zuzulassen, einander mitzuteilen und zu akzeptieren.

Abschied von Schuldzuweisungen und Projektionen

Dieser Schritt ist im Verlauf der Mediation sehr bedeutsam. Felix und Regula waren zuvor dem bei Trennungs- und Scheidungspaaren weitverbreiteten Mechanismus der gegenseitigen Projektion erlegen: Sie haben die Probleme und negativen Eigenschaften jeweils nur beim anderen gesehen, und ihre Kommunikation war geprägt von Schuldzuweisung und Ablehnung. Nicht selten werden leider auch die Kinder in dieses Projektionssystem der Eltern und damit in den Paarkonflikt hineingezogen.

Mediation ist keine Therapie. Die Mediatorin hat nicht den Auftrag, die Partnerschaft zu retten – sie könnte ihn gar nicht erfüllen. Aber sie ermöglicht Felix und Regula, andere Sichtweisen zu akzeptieren und wieder Vertrauen zueinander aufzubauen. So können die beiden unbefangener und kreativer als zuvor nach möglichen Lösungen suchen.

Auf dem Weg zu einer einvernehmlichen Lösung

Gemeinsam werden nun Lösungsvorschläge gesammelt und diskutiert. Bei der neunten Zusammenkunft ist es schliesslich so weit: Anhand der Analyse verschiedener Ideen und Vorschläge zeichnet sich eine überraschende Lösung zur Deckung des Budgetdefizites ab. Das Haus wird nicht verkauft, sondern mit Mitteln aus Regulas Erbvorbezug umgebaut, sodass im bisher ungenutzten Dachstock eine kleine Wohnung eingerichtet und vermietet werden kann.

Das dürfte so viele zusätzliche Mittel einbringen, dass Felix sich wahrscheinlich den Traum erfüllen kann, das Arbeitspensum leicht zu reduzieren. Damit wird er mehr Zeit für die Kinder haben und sie an einem Tag pro Woche betreuen können, und das wiederum wird Regula ermöglichen, das Pensum als Kindergärtnerin auszubauen. Inzwischen kann sie sich und Felix gegenüber eingestehen, dass sie sich das schon lange gewünscht, aber aus Rücksicht auf die berufliche Belastung ihres Mannes nie in Erwägung gezogen hat.

Und was ist mit Regulas Kummer angesichts der Trennung und mit ihrer Hoffnung auf Felix' Rückkehr? Was ist mit dessen Gewissheit in Sachen Scheidung? Die beiden sind übereingekommen, in diesen grossen Fragen noch nichts zu entscheiden. Sie werden die räumliche Trennung aufrechterhalten, eine aussergerichtliche Trennungskonvention aufsetzen und unterschreiben, die Scheidung zurückstellen. Zuerst wird die gefundene Lösung umgesetzt und ausprobiert.

ERWEITERTE FAMILIENMEDIATION

Als primäre, meist langfristige Beziehungen sind Partnerschaften und Familien von Differenzen und ungelösten Konflikten besonders stark betroffen und damit auch in ihrem Fortbestand gefährdet. Deshalb liegt es nahe, Mediation nicht nur oder nicht erst dann in Anspruch zu nehmen, wenn es um Trennung oder Scheidung geht. Mediation ist in vielen Konflikten ein geeignetes Verfahren und kann in Anspruch genommen werden

- vom Ehe- und Elternpaar, das seine Auseinandersetzungen über die Rollen- und Aufgabenteilung in Haushalt und Kindererziehung auf konstruktivem Weg bereinigen will;

→

- vom Konkubinatspaar, das beim Ausarbeiten von vertraglichen Regeln über das Zusammenleben immer an unvereinbaren Standpunkten über den Umgang mit dem Geld scheitert;
- von der Patchwork- und Mehrgenerationenfamilie, wenn das Zusammenleben an allzu unterschiedlichen Vorstellungen im Hinblick auf die Alltagsgestaltung zu scheitern droht;
- von der Bauernfamilie, wenn der Landwirt, der seinen Betrieb kürzlich an den Sohn übergeben hat, nun dauernd mit ihm im Streit liegt über seine «neumodischen Methoden» der Bewirtschaftung;
- von Geschwistern, die sich darüber streiten, wer welche Aufgaben bei der Betreuung der pflegebedürftigen Eltern übernehmen soll, und die über die Frage der Unterbringung im Pflegeheim und deren Finanzierung keine Einigung finden.

Besonders geeignet ist Mediation, wenn es darum geht, Konflikte bei Erbschaftsangelegenheiten oder Nachfolgeproblemen in Familienbetrieben einvernehmlich zu lösen. Gerade in solchen Situationen spielen neben finanziellen Aspekten auch die persönlichen Beziehungen zwischen den Familienangehörigen eine wichtige Rolle. Denn in den meisten Fällen geht es nicht nur darum, die materiellen Werte nach erbrechtlichen und testamentarischen Bestimmungen aufzuteilen oder die Familienfirma nach rein ökonomischen Kriterien neu zu strukturieren und zu organisieren. Häufig möchten sich die Familienmitglieder ebenso über das in der Vergangenheit Erlebte nochmals austauschen, um Beziehungen für die Zukunft zu bereinigen. Mittels Mediation lassen sich etwa folgende Probleme einvernehmlich und ohne gerichtliche Verfahren klären und abschliessen:

- Nachfolgeplanungen für den Familienbetrieb
- Generationenübergreifende Nachlassregelung
- Erbvorbezüge und deren Ausgleichung
- Erbteilung

Schulmediation

Mit herkömmlichen pädagogischen Konzepten ist vielen Konflikten im schulischen Umfeld kaum mehr beizukommen. Deshalb wenden sich Schulen neuen Ansätzen zu: Sie verfolgen eine Präventionsstrategie, betreiben geregeltes Konfliktmanagement – und wenden die Methode der Mediation an.

Im Schulalltag gibt es viele Gründe für Meinungsverschiedenheiten und Streit. Und immer öfter kommt es dabei zu versteckter oder offener Gewalt; insbesondere Kommunikationsmittel wie WhatsApp und Facebook bergen nicht zu unterschätzende Risiken. In vielen Gemeinden sind daher auch Kinder und Jugendliche im Einsatz als sogenannte Peacemakers oder Konfliktlotsinnen. So auch an der Mittelstufenschule einer Zürcher Vorstadtgemeinde, wo sich die folgende Geschichte ereignet hat.

Fallbeispiel: Unheil auf Facebook

Auf dem Pausenplatz, abseits von allen anderen, sitzt die Fünftklässlerin Yasmina. Sie weint. Zwei Konfliktlotsen – ein Junge und ein Mädchen, etwas älter als Yasmina – gehen auf sie zu und sprechen Sie an: ob Sie Hilfe brauche? Yasmina verneint und sagt: «Alle sind immer so gemein zu mir!» Aber sie will nicht darüber sprechen. Die Konfliktlotsen bedrängen sie nicht mit Hilfsangeboten, weisen sie aber darauf hin, dass sie sich jederzeit an sie oder an die Schulsozialarbeiterin wenden könne. Yasmina erwidert: «Mir kann sowieso niemand helfen.» Die Konfliktlotsen sind beunruhigt: Yasmina scheint sehr deprimiert zu sein. Sie nehmen sich vor, sie im Auge zu behalten.

Yasmina ist vor einigen Monaten mit ihren Eltern ins Quartier gezogen. Sie ist eine begeisterte Fussballspielerin und hat sich deshalb rasch mit Cora angefreundet, einer Klassenkameradin, die ebenfalls Fussball spielt. Cora ihrerseits ist eng befreundet mit Luzia, einem anderen Mädchen aus der Klasse. Wie sich zeigen wird, birgt diese neue Konstellation erhebliches Konfliktpotenzial für die Freundschaften unter den Mädchen – und darüber hinaus für die ganze Klasse.

Die Zeichen stehen auf Alarm

Das Erlebnis mit Yasmina lässt den Konfliktlotsen keine Ruhe. Und als sie auch noch auf Facebook Yasminas Botschaft lesen, sie werde «für immer abhauen», beschliessen sie, aktiv zu werden. Am nächsten Morgen suchen die Konfliktlotsen die Schulsozialarbeiterin auf. Sie berichten von dem Vorfall und besprechen mit ihr das weitere Vorgehen: Sie werden Yasmina erzählen, dass sie sich grosse Sorgen um sie machen und deshalb mit der Schulsozialarbeiterin darüber gesprochen hätten. Diese sei zu einem sofortigen Gespräch mit Yasmina bereit.

Yasmina willigt ein. Sie spricht zunächst allein mit der Schulsozialarbeiterin; in einem zweiten Gespräch stossen die beiden Konfliktlotsen dazu. Deren Aufmerksamkeit hat sich gelohnt, vor allem im Hinblick auf das, was sich auf Facebook abgespielt hat. Luzia hat dort schlechte Dinge über Yasmina geschrieben: Sie soll mit einem Jungen zusammen gewesen sein, der der Freund eines anderen Mädchens aus der Klasse ist. Das stimme nicht, versichert Yasmina. Aber nun wisse sie, warum alle anderen immer so gemein zu ihr seien. Und warum Luzia sie auf Facebook verleumdet habe, sei nun ja auch klar: Sie sei eifersüchtig wegen ihrer Freundschaft zu Cora.

Ein ganzheitlicher Ansatz

Mit Unterstützung der Konfliktlotsen gelingt es, Yasmina und Luzia zu einer Mediation zu bewegen. Diese wird von der Schulsozialarbeiterin vorbereitet und durchgeführt. Bevor die Mediation beginnt, werden auch die Eltern der Kinder und die Klassenlehrer über die vorgesehenen Interventionen informiert. In den nun folgenden Mediationssitzungen kommen sich die Mädchen näher. Unter der Leitung der Mediatorin können sie über ihre Beweggründe für ihr Verhalten sprechen, und damit wächst auch das gegenseitige Verständnis. Gefühle der Angst und Eifersucht lassen sich abbauen.

Es braucht aber noch einen weiteren Schritt. Gemeinsam mit der Lehrkraft der Mädchen analysiert man die Klassensituation. Dabei zeigt sich, dass sich die Mädchen der Klasse im Zuge der Facebook-Geschichten kollektiv gegen Yasmina verschworen haben. Die Mediatorin bezieht nun die ganze Gruppe der Mädchen in ihre Arbeit mit ein. Schliesslich wird auch noch eine externe Fachperson beigezogen, die mit der ganzen Klasse arbeitet. Dabei wird zwar kein direkter Zusammenhang mit der Geschichte rund um Yasmina, Luzia und Cora hergestellt, aber die Mediatorin thematisiert die Gefahren der neuen Kommunikationsmittel und den verantwortungsvollen Umgang damit. Ein Elternabend rundet das Ganze schliesslich ab.

Was mit der Aufmerksamkeit der Konfliktlotsen in Bezug auf Yasminas Kummer und ihrer Intervention begonnen hat und weitergeführt wurde durch gezielte Arbeit von Fachleuten mit allen Beteiligten, findet schliesslich einen guten Ausgang: Yasmina, Luzia und Cora schaffen es gemeinsam, Freundinnen zu werden, und die Klassendynamik kann dank dieser Erfahrungen in eine positive Richtung gelenkt werden.

MEDIATION IN DER SCHULE: ZUERST DIE PRÄVENTIONSSTRATEGIE

Die Methode der Mediation funktioniert auch in der Schule. Und besonders erfreulich ist, dass die Schüler und Schülerinnen sich daran beteiligen und bei der Lösungssuche aktiv mit den Erwachsenen zusammenarbeiten können. Das lässt hoffen, dass solche Beispiele Schule machen und dass sich in den Bildungseinrichtungen mit der Zeit landesweit eine verbesserte Konfliktkultur entwickelt. Damit das geschieht, müssen allerdings einige anspruchsvolle Voraussetzungen erfüllt sein. Und hier sind zunächst einmal die Erwachsenen gefordert.

Die Aufgaben der Schule

Die Mediatorin und Organisationsberaterin Sibylle Feuz weiss, dass eine gute Konfliktkultur nur entstehen kann, wenn Organisationen wie Schulen eine klar definierte Präventionsstrategie und darauf aufbauende Konzepte der Früherkennung und des Konfliktmanagements verfolgen. Feuz und ihre Kolleginnen und Kollegen vom Institut Apunta im Zürcher Oberland haben solche Konzepte entwickelt und unterstützen Schulen beim Vorhaben, diese einzuführen und umzusetzen. Wird die Strategie erfolgreich umgesetzt, heisst dies, dass das Kollegium eine gemeinsame Haltung hat bezüglich der Wahrnehmung und Einschätzung von problematischen Verhaltensweisen und gefährlichen Situationen, aber auch klare Anleitungen und Regeln, was zu tun ist, um die Probleme zu lösen – in der internen Zusammenarbeit, unter Einbezug externer Stellen sowie bei der Information von und Zusammenarbeit mit Eltern. (www.apunta.ch)

Die Forderungen an die Eltern

Die Eltern ihrerseits sind ebenfalls gefordert: Sie sollen sich informieren über geltende Konzepte und Regeln und sich um Kooperation mit der Lehrerschaft und der Schulbehörde bemühen. Und auch sie sollen ihren Kindern im Alltag vorleben, was es heisst, konfliktfähig zu sein und

Auseinandersetzungen einvernehmlich zu lösen. Das bedeutet, dass sie bei klassischen Eltern-Schule-Differenzen wie Klasseneinteilung, Unterrichtsstil, Benotung und Promotion oder Ferienverlängerung nicht gleich zum juristischen Zweihänder greifen, sondern allenfalls auch mal eine Mediation in Erwägung ziehen, um einen Streit mit dem Lehrer oder der Schulbehörde beizulegen. Wer weiss, vielleicht kann ihnen der Sohn oder die Tochter, der/die auf dem Pausenplatz schon als Konfliktlotse oder Peacemaker im Einsatz war, erklären, wie Mediation funktioniert.

Mediation im Wohnbereich

Streit mit Nachbarn, mit Bau- oder anderen Behörden kommt überaus häufig vor. Gerichtsprozesse mögen das Problem auf der sachlichen Ebene lösen – doch die menschliche Seite bleibt dabei allzu oft auf der Strecke. Hier kann Mediation einen wichtigen Beitrag leisten.

Kommt es zu harten Auseinandersetzungen im Wohnbereich, sorgen gerichtliche Verfahren und Urteile bestenfalls für eine Beilegung des Streits. Häufig jedoch hinterlassen solche Prozesse ein Schlachtfeld an Enttäuschungen und Verletzungen.

Anders wirkt die Mediation: Neben der Sachebene kommt auch die Gefühlsebene zum Zug. Die folgenden Beispiele zeigen, dass Konflikte im Wohnbereich sich durch Mediation nicht nur schnell und kostensparend, sondern auch umfassend und nachhaltig lösen lassen.

Fallbeispiel 1: Dicke Luft im Reihenhaus

Luzius B. hat während der Ferienabwesenheit seines Nachbarn Bruno S. dessen Hecke an der Grundstücksgrenze um die Hälfte zurückgestutzt. Diese Aktion markiert einen vorläufigen Höhepunkt in der bereits seit Jahren schwelenden Auseinandersetzung zwischen den beiden Familien in der Reihenhaussiedlung. Dabei hat die Koexistenz gut begonnen: Man kam sich schnell näher, war hilfsbereit und tolerant im Umgang miteinander.

Vorgeschichte und Eskalation des Konflikts

Das änderte sich, als Luzius B. und seine Frau Elvira Kinder bekamen. Die kinderlosen Eheleute Bruno und Ruth S. fühlten sich zunehmend gestört durch den lebhaften Nachwuchs der Nachbarn. Bald fielen erste böse Bemerkungen. Die erzieherischen Fähigkeiten des Ehepaars S. wurden angezweifelt. Dieses wiederum störte sich am Ordnungs- und Sauberkeitsfimmel der B.s. Beide Familien zogen sich schliesslich zurück: Man ging einander aus dem Weg.

Weil die Nachbarn nicht mehr miteinander sprachen, staute sich immer mehr Groll an. Als Ruth S. eines Tages die Kinder aus ihrem Vorgarten verscheuchte, platzte Elvira B. der Kragen. Sie herrschte die Nachbarin an: Sie solle den Kummer über die eigene Kinderlosigkeit gefälligst nicht an ihren Kindern auslassen. Als Nächstes pflanzte Bruno S. eine gewaltige Hecke – auf die Grundstücksgrenze. Dies natürlich ohne Zustimmung der Nachbarn, die sich mit der zunehmenden Höhe der wuchernden grünen Wand ihrer Aussicht auf den Voralpenkranz beraubt sahen. Und so griff Luzius B. eines schönen Samstags zur Selbsthilfe und verschaffte sich mit der Heckenschere wieder freie Sicht.

Der Gang zum Anwalt

Bruno und Ruth S. sind nun entschlossen, sich diesen Übergriff nicht gefallen zu lassen. Bereits in der ersten Woche nach den Ferien sitzen sie am Tisch eines Rechtsanwalts. Dieser erachtet die Möglichkeiten eines gerichtlichen Vorgehens zwar als gegeben, warnt jedoch vor hohen Kostenrisiken und unsicheren Erfolgsaussichten. Zudem würde sich das Gericht ausschliesslich auf die Streitfrage mit der gekappten Hecke beschränken – weitere schwelende Konfliktpunkte blieben ungelöst. Der Jurist rät deshalb zu einer Mediation.

Die Empfehlung des Anwaltes gibt Ruth und Bruno S. zu denken: Ist es wirklich sinnvoll, solche Risiken auf sich zu nehmen? Hinzu kommt die unerfreuliche Aussicht, dass das Zusammenleben auf so engem Raum nach dem Richterspruch vollends unerträglich werden könnte. Sie erklären sich deshalb bereit, dem Rat des Anwalts zu folgen und es mit einer Mediation zu versuchen. Doch würde es gelingen, Luzius und Elvira B. auch dafür zu gewinnen?

Eine grundlegende Übereinkunft

Es geht einfacher, als sie denken: Überraschend willigt das Ehepaar B. ein. Inzwischen ist ihnen die Sache nämlich auch nicht mehr geheuer. Die Angst vor einem verlustreichen Gerichtsstreit sitzt ihnen genauso im Nacken wie ihren Nachbarn. Bereits eine Woche später sitzen beide Paare am Tisch eines Mediators. Man einigt sich vertraglich auf die Bedingungen der Mediation und vereinbart einen formellen Waffenstillstand für die Dauer des Mediationsverfahrens.

In einem ersten Schritt fordert der Mediator die Parteien auf, die Geschichte des Streits aus ihrer Sicht zu erzählen, ohne Kommentar der Gegenseite. Das wird schwierig: Mehrmals verlieren die Beteiligten die Fassung und schreien sich an. Dank der Interventionen des Mediators gelingt es schliesslich, die Probleme zu benennen. Dabei wird deutlich, dass der Konflikt um die Hecke nur die Spitze des Eisbergs ist; im nachbarschaftlichen Umgang läuft so einiges schief.

Dampf abzulassen, scheint gewirkt zu haben – bei der zweiten Sitzung wirken beide Parteien entspannter. Der Mediator lädt sie ein, sich über ihre Interessen auszutauschen: Welches sind die Bedürfnisse und Ansprüche im Hinblick auf das individuelle häusliche Leben und die Koexistenz als Nachbarn?

Die Annäherung gelingt

Allmählich gelingt es den Parteien, auch Bedürfnisse und Wünsche zu formulieren, statt bloss stur auf den eigenen Standpunkten zu beharren, sondern. In dem Masse, wie die beiden Paare es schaffen, sich zu artikulieren und einander zuzuhören, wächst das gegenseitige Verständnis und damit die Bereitschaft, sich gegenseitig ein Recht auf Befriedigung dieser Bedürfnisse zuzugestehen. Das öffnet den Blick auf mögliche Lösungen. Erste Ideen, wie das nachbarschaftliche Zusammenleben künftig geregelt werden könnte, werden entwickelt – und mit ihnen die Einsicht, dass es im Sinne einer erfreulicheren Zukunft wohl Regeln brauchen wird.

In der vierten Sitzung sollen Gefühle zur Sprache kommen. Das Eingeständnis des Ehepaars S., dass die ungewollte Kinderlosigkeit sehr schmerze und dass man oft mit Wehmut und auch etwas Verbitterung die Freuden des Elternlebens nebenan beobachtet habe, bricht das Eis. Zu ihrem Erstaunen vernehmen sie von Luzius und Elvira B., dass man sie umgekehrt oft um die Freiheiten und materiellen Vorteile des kinderlosen Lebens beneidet habe.

Die Lösung nimmt Formen an

Nun steht der Entwicklung konkreter Lösungen nichts mehr im Weg. In die fünfte Sitzung bringen die Parteien die in Form von Hausaufgaben vorbereiteten «Regeln für das Zusammenleben im Reiheneinfamilienhaus» mit. Die beiden Vorschläge werden verglichen und bereinigt. Freiräume und -zeiten für die Kinder wie auch für die Erwachsenen werden darin ebenso definiert wie Grenzen, die es künftig zu respektieren gilt. Alle 14 Tage gibt es einen gemeinsamen Aufräumrundgang ums Haus. Und jeden Monat ein gemeinsames Abendessen, nur für die Erwachsenen. Übrigens: Die Hecke ist schon seit der zweiten Mediationssitzung kaum noch ein Thema. Sie steht noch – und ist sogar noch ein Stück weiter in den Himmel gewachsen.

MEDIATION BEI BAURECHTSSTREIT UND KONFLIKTEN MIT BAU- UND ANDEREN BEHÖRDEN

Für viele Menschen ist der Bau eines Eigenheims die Erfüllung eines langgehegten Traums. Leider gehen der Bau und das Leben danach nicht immer reibungslos vonstatten. Konflikte um Baubewilligungen, Einsprachen der Nachbarn gegen (Um-)Bauten, Zonenplanänderungen, Auflagen durch Umweltschutzbestimmungen oder Streitereien mit dem Architekten und den Handwerkern setzen oft ein kompliziertes Räderwerk juristischer Verfahren in Bewegung, das die Beteiligten über Monate und Jahre belasten kann. Bei solchen Konflikten stehen in der Regel neben technischen und verfahrensbezogenen Aspekten und finanziellen Risiken auch tiefgreifende persönliche, emotionale Interessen auf dem Spiel. Es geht nicht nur um den konkreten Streitgegenstand, sondern auch darum, dass die Parteien das Entscheidungsverfahren als nachvollziehbar und fair in der Abwägung der unterschiedlichen Interessen empfinden.

Die Mediatorin Susanna Sacchetti, Präsidentin der Fachgruppe Baumediation beim Schweizerischen Dachverband für Mediation, ist überzeugte Verfechterin und Anwenderin der Mediationsmethode, gerade in diesen Bereichen. Aus eigener Erfahrung weiss sie, dass die Menschen dank Mediation beginnen, wieder direkt miteinander zu reden – und nicht über Anwälte und vor den Schranken des Gerichts. Das spart Geld und Zeit, führt zu einvernehmlichen Lösungen und beseitigt auch die emotionalen Spannungen zwischen den Parteien. Und das wiederum ermöglicht eine gedeihliche Zusammenarbeit der einstigen Kontrahenten.

Fallbeispiel 2: Mediation unter freiem Himmel

Die Hauseigentümerin Regina K. ist am Rand einer kleinen Landgemeinde aufgewachsen und lebt seit vielen Jahren wieder in ihrem Elternhaus. Zur Liegenschaft gehört auch ein kleiner Privatwald. An einem steil zur Strasse abfallenden Hang gelegen, sorgt das Waldstück immer wieder für Auseinandersetzungen mit dem Forstamt und der Gemeinde.

Einst war der Wald eingezäunt, als der Zaun jedoch vor einigen Jahren von Gemeindearbeitern abgerissen wurde, ging der Ärger los: Man hatte damit gegen den Willen Eigentümerin gehandelt, angeblich wegen einer Gesetzesänderung, deren Sinn Frau K. nicht verstand.

Ein Konflikt spitzt sich zu

Vor drei Jahren beschädigte ein Ast ein an der Strasse parkiertes Auto. Der Förster entschied daraufhin, welche Bäume ein Sicherheitsrisiko darstellten und gefällt werden müssten. Regina K. ignorierte den Kostenvoranschlag von 3000 Franken, den ihr das Forstamt unaufgefordert zugestellt hatte. Die Bäume blieben stehen.

Vor einigen Monaten fiel abermals ein grosser Ast auf den Boden, exakt zwischen zwei Gruppen von Kindern, die auf dem Schulweg im Wäldchen spielten. Verletzt wurde glücklicherweise keins der Kinder, doch der Revierförster teilte der Eigentümerin per eingeschriebenen Brief mit, dass er jede weitere Verantwortung ablehne. Das Fass zum Überlaufen brachte schliesslich eine Rechnung der Gemeinde in Höhe von fast 400 Franken für das Schneiden von Sträuchern, die die Strasse überwuchert hatten. Frau K. weigerte sich, die Rechnung zu begleichen: Sie habe nie einen entsprechenden Auftrag erteilt.

Unabhängige Vermittlung tut not

Doch die Wald- und Hausbesitzerin leidet zunehmend unter der Situation, fühlt sie sich doch auch verantwortlich dafür, wenn andere

Menschen ihretwegen zu Schaden kommen. Doch sie schafft es nicht, das Gespräch mit den Behörden zu suchen – zu viel Geschirr ist inzwischen zerschlagen worden. Aber sie wendet sich nun an eine unabhängige Beratungsstelle, die auch Mediation anbietet. Dort lässt man sich von ihr die Sache schildern und studiert die schriftlichen Unterlagen, die sich angesammelt haben.

Nachdem man ihr erklärt hat, wie Mediation funktioniert, kommt in Frau K. der Wunsch auf, es auf diesem Weg zu versuchen. Sie erteilt der Mediatorin die Erlaubnis, mit dem Förster und dem Gemeindeschreiber Kontakt aufzunehmen. Denn es gilt zu klären, ob die beiden ihrem Wunsch entsprechen und sich mit einer Mediation einverstanden erklären. Zu ihrer Überraschung willigen aber beide, Gemeindeschreiber und Förster, ein, und die Rechnung für die Waldarbeiten wird vorläufig sistiert, um den Konflikt nicht weiter eskalieren zu lassen.

So verschafft man sich Luft

An einem sonnigen Wintertag trifft man sich auf der Strasse und beginnt mit einer kurzen Begehung am Waldrand. Frau K. möchte nicht, dass die Gesprächsrunde in ihrem Haus stattfindet – also gibt es Mediation unter freiem Himmel, an der frischen Luft. Die Mediatorin erklärt zunächst die Prinzipien der Methode und geht gleich dazu über, mit Stichworten beschriftete Moderationskarten auf dem Garagenvorplatz auszulegen, um die Elemente des Konflikts und ihre Bedeutungen für die Parteien anschaulich zu illustrieren. Schnell wird klar, dass es ein gemeinsames Interesse gibt: die Sicherheit des Verkehrs auf der Strasse und die der Kinder auf dem Trottoir und im Wäldchen. Und bald wird allen Beteiligten bewusst, dass es nur einen Weg gibt, um diese Sicherheit zu gewährleisten: Die alten Bäume müssen gefällt werden, der Wald gehört in Zukunft regelmässig fachkundig gepflegt.

Warum dieser Umweg?

Was hat dieser naheliegenden Lösung bisher im Weg gestanden? Der entscheidende Punkt war, dass Frau K. sich von den Behörden nicht ernst genommen, ja sogar jahrelang durch sie verletzt fühlte. Der Zaun wurde seinerzeit entfernt, ohne dass man sie gefragt hätte und ohne dass sie die Gründe nachvollziehen konnte. Erschwert wurde dies durch den Umstand, dass der Zaun auf dem Grundstück des Anwalts nebenan noch stand...

Mehrmals wurden Sträucher und Äste entlang des Trottoirs im Auftrag der Gemeinde und auf Kosten der Eigentümerin geschnitten – ohne entsprechenden Auftrag durch Frau K. Jahrelang sprach man kein Wort mehr miteinander; Frau K. zog sich vollständig zurück. Gemeinde und Forstamt gebärdeten sich obrigkeitlich, weil sie keinen anderen Weg sahen, als ihre behördliche Verantwortung für die Sicherheit zwangsweise wahrzunehmen.

Entgegenkommen auf dem Umweg

Das alles kann nun endlich ausgesprochen und auch erklärt werden. Die Mediatorin unterstützt den Annäherungsprozess, indem sie das Gespräch moderiert, Aussagen der Parteien spiegelt und wenn nötig verdeutlicht. Dies entspannt das Miteinander; es gelingt, über Handlungsmöglichkeiten zu sprechen. Der Förster schlägt vor, die angebotene Ausdünnung des Waldes noch zum damals offerierten Preis auszuführen, weil ihm die Sicherheit wichtig sei. Der Gemeindeschreiber bietet an, die Rechnung für den Straucherschnitt zu stornieren. Und Frau K. bedingt sich aus, dass der Gemeindeschreiber sich bei ihr entschuldigt für die ungerechte Behandlung durch die Behörden. Dieser Aufforderung entspricht der Gemeindeschreiber – zumal die Mediatorin deren Bedeutung für die Konfliktlösung und die zukünftige Zusammenarbeit würdigt.

Frau K. ihrerseits würdigt das Entgegenkommen des Gemeindeschreibers, indem sie den schriftlichen Auftrag für die vorgesehenen

Waldarbeiten am nächsten Tag zur Post bringt. Der Zeitaufwand für die Mediation inklusive aller Vorbereitungen bemisst sich auf dreieinhalb Stunden. Dreieinhalb Stunden, die das Ende eines langjährigen Streits herbeigeführt haben.

Gerichtsnahe Mediation

Mit der gesamtschweizerischen Zivilprozessordnung ist auch Bewegung in die Praxis der Mediation gekommen: Sie ist die Methode der Wahl, wenn es darum geht, einen zivilrechtlichen Konflikt zu schlichten.

Seit 2011 gilt eine gesamtschweizerische Zivilprozessordnung (ZPO), die die kantonalen Zivilprozessgesetze abgelöst hat. Abgesehen von wenigen Ausnahmen verlangt die eidgenössische ZPO bei zivilrechtlichen Auseinandersetzungen zwingend eine Schlichtung, bevor Klage bei Gericht eingereicht werden kann (siehe auch Kasten Seite 90). Statt für eine Schlichtung beim Friedensrichter können sich die Parteien auch für eine Mediation entscheiden. Die folgenden Falldarstellungen veranschaulichen, wann welches Verfahren sinnvoll ist.

Fallbeispiel 1: Krippenplatzwechsel mit Folgen

Nach der Geburt ihrer Tochter haben sich Herr und Frau H. intensiv um einen Krippenplatz bemüht, da beide Elternteile berufstätig sind und Frau H. ihre Arbeit nach der Babypause wieder aufnehmen wollte.

Die Suche war schwierig; erst mit der achten Bewerbung hatten sie bei einer privaten Krippe Erfolg. Die Einrichtung lag zwar in einiger Distanz zu ihrem Arbeits- und Wohnort, doch Frau und Herr H. waren froh, überhaupt einen Platz für ihr mittlerweile zweijähriges Töchterchen gefunden zu haben.

Eineinhalb Monate später bekommen die H.s einen Krippenplatz gleich um die Ecke angeboten. Sie sagen zu und kündigen bei der ersten Krippeneinrichtung. Nach sechs Wochen kann das kleine Mädchen in die neue Krippe wechseln. Das Ehepaar betrachtet die erste Krippenepisode als erledigt.

Das Seilziehen beginnt

Dem ist allerdings nicht so. Die gekündigte Krippeneinrichtung beruft sich in der Folge auf den Vertrag und die darin festgehaltene dreimonatige Kündigungsfrist. Sie verlangt einen Betrag von 2200 Franken für den Krippenplatz während der restlichen eineinhalb Monate. Herr und Frau H. sehen nicht ein, warum sie für etwas zahlen sollen, was sie nicht genutzt haben. Zudem, so argumentieren sie, habe die Betreuung ihres Kindes nicht immer optimal geklappt. Und überhaupt: Angesichts des knappen Angebots habe man den frei gewordenen Krippenplatz ihrer Tochter sicherlich innerhalb der sechs Wochen seit der Kündigung wieder besetzen können.

Keine der Parteien gibt nach. Die Krippeneinrichtung leitet die Betreibung ein – man trifft sich vor dem Friedensrichter wieder. Nachdem die Parteien ihre Sicht der Dinge geschildert haben, weist der Friedensrichter darauf hin, dass ein Rechtsstreit für beide Seiten sehr aufwendig wäre. Es lohne sich, jetzt nach einer Lösung zu suchen, die für beide akzeptabel sei.

Eine rechtsgültige Vereinbarung

Nach einem weiteren Schlagabtausch, bei dem die Parteien nochmals ihre Argumente vorgebracht haben, kommt durch geschicktes Nachfragen des Friedensrichters plötzlich Bewegung in die festgefahrene Angelegenheit. Die Parteien einigen sich auf eine Pauschalzahlung von 1200 Franken. In der schriftlichen rechtsgültigen Vereinbarung wird festgehalten, dass die Krippeneinrichtung die Betreibung gegen Ehepaar H. nach Erhalt des Betrags zurückziehen werde. Die Auseinandersetzung hat für beide Seiten eine befriedigende und rechtsgültige Erledigung gefunden.

Fallbeispiel 2: Sohn fordert Elternpflichten ein

Ein Rechtsanwalt reicht beim Friedensrichter im Namen eines gut 18-jährigen Mannes eine Klage gegen dessen Vater ein. Der Anwalt fordert eine pauschale Summe von 12 000 Franken plus Unterhaltsbeiträge bis zum Ende der Erstausbildung seines jungen Mandanten.

In der Schlichtungsverhandlung sitzen Vater und Sohn einander gegenüber. Wie sich später zeigen wird, haben sie sich seit Monaten nicht mehr gesehen. Der Sohn schildert, wie seine Eltern ihn aus der Familienwohnung gewiesen haben und dass er seit nunmehr einem Jahr bei der Familie eines Schulkollegen lebe. Für diese Zeit verlange er von seinem Vater eine monatliche Entschädigung, um seinen Gastgebern Kost und Logis bezahlen zu können. Er habe die Schule inzwischen abgeschlossen und eine Lehre begonnen. Für diese Erstausbildung fordere er monatliche Unterhaltszahlungenin Höhe von 1300 Franken.

Der Vater reagiert vorerst einsilbig und wendet ein, dass er nicht in der Lage sei, einen solchen Betrag aufzubringen. Und da der Friedensrichter schweigt, fügt er an, dass diese Regelung ausserdem unfair wäre gegenüber seinen anderen Kindern. Würde der Sohn noch zu Hause wohnen, so argumentiert er, würde die Unterbringung viel weniger kosten.

Eine problematische Vorgeschichte

Nach einer kleinen Pause wiederholt der Friedensrichter die Argumente des Vaters und fragt, weshalb der Sohn denn nicht mehr daheim wohne. Der Vater überwindet sich und beginnt zu erzählen: Es habe zwischen dem Sohn und der Mutter immer Streit gegeben. Einmal sei der Sohn sogar gewalttätig geworden. Daraufhin hätten sie ihn auf die Strasse gesetzt. Der junge Mann ist mit der väterlichen Darstellung einverstanden. Ja, so sei es gewesen, bestätigt er.

Der Friedensrichter kommt nun behutsam auf die Vater-Sohn-Beziehung zu sprechen. Vor Gericht, so führt er aus, werde bezüglich der Geldforderung entschieden; andere Aspekte des Konflikts müssten aussen vor bleiben. Vater und Sohn hören aufmerksam zu. In einem Gerichtsverfahren, so fährt der Friedensrichter fort, würde ihre gegenseitige Beziehung noch mehr Schaden nehmen. Es stelle sich daher die Frage, ob eine Gesamtlösung nicht eher in ihrem Interesse sei, um als Familie wieder «den Rank miteinander» zu finden. Vater und Sohn nicken zustimmend. Auf die Ausführungen des Friedensrichters, wie eine Mediation ablaufe und was mit dieser Konfliktbearbeitungsmethode zu erreichen sei, reagieren Vater und Sohn mit sichtlichem Aufatmen. Ja, das sei genau das, was sie bräuchten, meinen beide einhellig.

Eine Mediation bringt Versöhnung

Vater und Sohn begeben sich in der Folge in eine Mediation; nach der zweiten Sitzung stösst auch die Mutter dazu. Und insgesamt vier Monate später kann der Vater beim Friedensrichteramt die Mediationsvereinbarung einreichen, worin auch die finanziellen Aspekte geregelt sind. Auf Wunsch von Sohn und Vater genehmigt der Friedensrichter die in der Mediation erzielte Vereinbarung. Die bis dahin sistierte Klage ist somit rechtsgültig erledigt.

Und auf der menschlichen Seite? Der Sohn lebt wieder bei seiner eigenen Familie – Eltern und Sohn haben dank der Mediation «den Rank» gefunden.

INTERVIEW

Die Präsidentin des Bezirksgerichts Baden, Andrea Staubli, über die Vorzüge der gerichtsnahen Mediation in ihrem Berufsalltag:

Seit Januar 2011 muss man sich, bevor man eine Klage bei Gericht einreicht, einem Schlichtungsverfahren unterziehen. Hat sich diese neue Regelung auf die Fallzahlen beim Bezirksgericht Baden ausgewirkt?

Nein, bisher nicht. Im Kanton Aargau musste schon vorher ein Schlichtungsverfahren vor dem Friedensrichter eingeleitet werden, deshalb hat sich diesbezüglich nichts geändert. Das gilt übrigens auch für den Kanton Zürich. Im Kanton Bern sind die Schlichtungsbehörden neu eingeführt worden.

Die Parteien können anstelle des Schlichtungsverfahrens eine Mediation wählen.

Das ist richtig. Wenn es darum geht, emotionale Aspekte als Teil der Konfliktlösung zu klären und/oder wenn Beziehungen weiterhin bestehen bleiben sollen, ist Mediation einer Schlichtung vorzuziehen.

Was sind Ihre Erfahrungen: Kommt Mediation zum Einsatz?

Leider immer noch viel zu wenig. Meiner Meinung nach wird das Potenzial, das sich dem Gericht und den Parteien hier anbietet, nach wie vor viel zu wenig genutzt. Das hängt wohl damit zusammen, dass Mediation als Methode in der Gesellschaft noch zu unbekannt ist und dass Menschen, die in einen Konflikt oder einen Streit verwickelt sind, es als normal ansehen, zu einem Anwalt zu gehen und nicht zu einer Mediatorin.

Die Gerichte können Mediation aber empfehlen, in gewissen Fällen sogar anordnen.

Die Gerichte und die Kindes- und Erwachsenschutzbehörde (KESB) wissen zu wenig über Mediation; vielfach kennen die Richter und Richterinnen die →

Vorzüge einer Mediation nicht genau. Oder sie glauben, mit einer Vergleichsverhandlung eine Mediation durchzuführen. Das stimmt so aber nicht.

Wo sehen Sie weiteres Entwicklungspotenzial für die Mediation im gerichtsnahen Umfeld?
Auf jeden Fall in familienrechtlichen Streitigkeiten, etwa bei Scheidungen und Trennungen, aber auch bei Nachscheidungskonflikten im Bereich Besuchs- und Ferienrecht und im Zusammenhang mit der gemeinsamen elterlichen Sorge. Ein wichtiger Einsatzbereich ist der Kindesschutz. Aber auch im Erwachsenenschutzrecht kommt es immer wieder zu Konflikten, beispielsweise in Alters- und Pflegeheimen: zwischen dem Pflegepersonal und den Patienten respektive deren Angehörigen oder zwischen der Beiständin/dem Beistand und der betroffenen Person. Hier kann Mediation zu sinnvollen Lösungen führen, die den Bedürfnissen und Anliegen Rechnung tragen und meistens nachhaltiger wirken als ein Gerichts- oder Behördenentscheid.

Unterschiedliche Konflikte – unterschiedliche Lösungswege

Die geschilderten Beispiele haben eine Gemeinsamkeit: Klagegrund ist das liebe Geld. Doch während im ersten Fall, beim Krippenplatzwechsel, eine Schlichtung im Kurzverfahren vor dem Friedensrichter schnell zu einer Lösung führt, wäre dies im zweiten Fall, beim Eltern-Sohn-Konflikt, kaum möglich: Das Kurzverfahren würde den konfliktnährenden emotionalen Aspekten nicht gerecht.

Die Konfliktsituation bestimmt die Methode

Im ersten Beispiel ist die kurze Schlichtungsverhandlung beim Friedensrichter wohl der angemessene Lösungsweg. Ehepaar H. wird künftig mit der klagenden Krippeneinrichtung nichts mehr zu tun haben. Hingegen bleibt eine Eltern-Kind-Beziehung auch bei einer Trennungssituation lebensmitbestimmend: Die seelischen Bindungen lassen sich nicht einfach kappen.

Der weitaus grösste Teil von vermögensrechtlichen Fällen vor dem Friedensrichter sei mit dem Kurzverfahren gut bedient, sagt der Zürcher Friedensrichter und Mediator Hansruedi Lienhard. Die vom Gesetz auferlegte Zwangsvermittlung habe den Vorteil, dass die Parteien persönlich erscheinen und sich mit dem Klagegegenstand und der Gegenpartei auseinandersetzen müssten. Und das führe häufig zu raschen und einfachen Lösungen.

Trotzdem gibt es immer wieder Klagen, bei denen es vordergründig um Geld geht, die aber mit rechtlichen Mitteln nicht nachhaltig zu befrieden sind. In solchen Fällen stellt Mediation ihre Stärken unter Beweis. Gerade in Familien- und Erbschaftsangelegenheiten geht es oft hochemotional zu; es geht um Familiengeschichten und Verletzungen – Aspekte, die in einer Schlichtung oder in einem Gerichtsverfahren zu kurz kommen respektive nicht bearbeitet werden können.

Schlichtung oder Mediation?

Als Faustregel kann gelten: Für die Weiterführung der Beziehung und/oder die Klärung emotionaler Aspekte als Teil der Konfliktlösung sollte man Mediation als Methode der Wahl prüfen. Denn sie bietet einen geschützten Rahmen, in dem die Familienbande sich neu ordnen lassen. Die Lösung auf der Sachebene (Geld) wird getragen von Einsicht und Verständnis.

Schlichtung und Mediation – beide Verfahren haben ihre Stärken und ihre Berechtigung. Die folgende Zusammenstellung gibt einen vergleichenden Überblick auf der nächsten Seite:

SCHLICHTUNG ODER MEDIATION? EINE GEGENÜBERSTELLUNG:

Thema	Schlichtung	Mediation
Verfahrenslänge	eine Sitzung	mehrere Sitzungen
Kosten	niedrig	mittel
Rechtsgültige Erledigung	möglich, abhängig vom Streitwert	möglich, sofern vom Friedensrichter genehmigt
Zeitliche Ressourcen	ein bis zwei Stunden	so viel wie nötig
Bearbeitung von Beziehungsaspekten	kaum	ist Teil der Konfliktlösung
Vertiefte Bearbeitung der Konfliktthemen	nicht möglich	so viel wie nötig
Klärung und Verbesserung der Beziehung	kaum möglich	wird angestrebt
Einbezug weiterer Konfliktparteien	nicht möglich	gehört zur Methode
Augenfälliger Vorteil der Methode	kurz und bündig	vertieft und beständig

Mediation im Strafverfahren

Auch im strafrechtlichen Verfahren kommt die Methode der Mediation zum Einsatz, allerdings ist sie nur in der Jugendstrafprozessordnung verankert. Im Erwachsenenstrafprozessrecht ist sie (noch) nicht vorgesehen.

In Zürich und Fribourg etwa gibt es eine kantonale Mediationsstelle in Jugendstrafsachen. Im Kanton Aargau ist die Jugendstrafmediation über den Verein «MediSt Aargau» organisiert; er führt grundsätzlich bei Bedarf auch Mediationen im Erwachsenstrafrecht durch, vor allem dann, wenn Jugendliche und Erwachsene gemeinsam in eine Straftat involviert sind. Zudem wird laut Fachstellenleiterin Eleonore Wagmann darauf hingearbeitet, in Zukunft vermehrt auch Mediationen anzubieten, die nur Straftatbestände unter Erwachsenen betreffen (Adressen im Anhang). Erwachsene Parteien können in Strafsachen aber privat auf die Mediation zurückgreifen, sich zum Beispiel über eine Wiedergutmachung einigen und den Strafantrag zurückziehen.

Verläuft die Mediation erfolgreich, erledigt sie ein Jugendstrafverfahren rechtsgültig. Die Stelle für Mediation in Jugendstrafverfahren im Kanton Zürich konnte 2014 von den 64 zugewiesenen Fällen 40 Fälle durch Mediation erledigen (12 Fälle waren für Mediation ungeeignet, 10 Fälle waren Ende 2014 noch pendent), was einer Erfolgsquote von 100 Prozent entspricht. Die meisten Delikte betrafen die Bereiche Körperverletzung, Tätlichkeit und Drohung.

Aus der Zürcher Praxis stammt auch das folgende Beispiel im Zusammenhang mit Drohung im Alltag.

Fallbeispiel: Jugendlicher Leichtsinn mit Folgen

Der Auszubildende David P. hat soeben die Rollerprüfung bestanden. Da zwei Kollegen spät dran sind, nimmt er sie für eine kürzere Strecke auf seinem Fahrzeug mit. Während der Fahrt bemerkt David einen Mann im vorbeifahrenden Tram, der mit einer Drohgebärde in die Richtung der Jugendlichen auf dem Roller zeigt und dann sein Mobiltelefon zückt. Der junge Mann befürchtet, dass der Trampassagier sie «bei den Bullen verpfeifen» wird, und nimmt die Verfolgung des Trams auf.

Als er besagten Fahrgast an der nächsten Haltestelle aussteigen sieht, fährt er ihm hinterher und stellt ihn zur Rede. Eigentlich will David P. den Mann bitten, von einer Anzeige abzusehen, doch ein Wort ergibt das andere. In seiner Angst, den Rollerbrief wieder zu verlieren, lässt sich David P. zu üblen Drohungen gegen den Mann hinreissen, der sich in der Folge als Tramkontrolleur zu erkennen gibt. Zufällig fährt eine Polizeistreife vorbei, die den ausser sich geratenen David P. schliesslich verhaftet. Der Tramkontrolleur reicht Strafanzeige ein.

Vermittlung schafft Einsicht

David P. wird von der Polizei befragt und von der Jugendanwaltschaft einvernommen. Letztere erläutert ihm die Möglichkeit, die Strafanzeige im Rahmen einer Mediation zu bearbeiten. Nach einem Einzelgespräch mit der Mediatorin trifft David P. in der Mediationsverhandlung mit dem Anzeigeerstatter zusammen. Die Darlegung der subjektiven Sichtweisen über das Vorgefallene lässt den jungen Mann bald einsehen, dass er rechtswidrig und schuldhaft gehandelt hat. Er entschuldigt sich für sein Verhalten und versichert glaubhaft, dass er seine Drohung zutiefst bereue. Der Tramkontrolleur akzeptiert die Entschuldigung; David P. verpflichtet sich, seine Kollegen über die Lösung der Strafmediation zu informieren und sie dazu anzuhalten,

Tramkontrolleuren mit Respekt zu begegnen. Der Tramkontrolleur seinerseits zieht den Strafantrag zurück und lädt David P. und seine Kollegen ein, ihn bei einer seiner Kontrolltouren zu begleiten.

Bashing, Sexting und Co. – neue Tendenzen

Das Szenario: Ein 16-jähriger Jugendlicher fordert seine 17-jährige Kollegin via SMS ultimativ auf, den Link zu seinem Profil auf Facebook und WhatsApp wieder freizuschalten, andernfalls werde er die von ihr erhaltenen Nacktbilder weiterverbreiten. Die derart Eingeschüchterte gibt nach, was jedoch dazu führt, dass der Junge weitere Nacktbilder fordert. In der Folge kommt es zu wechselseitigen Beleidigungen bis hin zu Handgreiflichkeiten ...

Dieser authentische Fall aus der Praxis der Zürcher Stelle für Mediation steht beispielhaft für eine neue Entwicklung: Tendenziell nehmen im Jugendstrafverfahren Fälle von Cyberkriminalität via Mobilkommunikation und Social Media wie Facebook oder WhatsApp zu. Dabei handelt es sich vorwiegend um Drohung, Ehrverletzung, Beleidigung, aber auch um Sexualdelikte wie Sexting (Veröffentlichung intimer respektive sexueller Inhalte), Bashing (öffentliche Beschimpfung), sexuelle Belästigung und Verleumdung.

Hier kann Mediation die geeigneten Methoden bereitstellen, um die Parteien an einen Tisch zu bringen und den versöhnlichen Dialog zu fördern: Im oben umrissenen Fall ermöglichte Mediation eine Aussprache zwischen dem Beschuldigten und der Geschädigten. Ersterer sah schliesslich ein, dass er unrecht gehandelt hatte. Teil der Lösung war die Vernichtung der kompromittierenden Fotos und die Löschung von Telefonnummern und Profilen. Sowohl die Geschädigte als auch der Beschuldigte waren erleichtert, dass die Auseinandersetzung ein versöhnliches, nachhaltiges Ende genommen hatte.

Mediation in der Arbeitswelt

Arbeit ist das halbe Leben: Das merken wir oft erst dann, wenn es nicht mehr rundläuft – bei einem drohenden Verlust der Arbeitsstelle etwa oder bei einem Konflikt am Arbeitsplatz.

Ist bei der Arbeit Sand im Getriebe, verdrängt Unbehagen die Zufriedenheit, und Gefühle der Angst kommen auf. Nicht nur der oder die Betroffene leidet, sondern auch die Qualität der Arbeit. Das folgende Beispiel aus einem mittleren Handwerksbetrieb verdeutlicht, wie gewinnbringend man Mediation für Arbeitnehmende und Arbeitgebende einsetzen kann.

Fallbeispiel: Eiszeit im Büro

Ein KMU-Betrieb mit 19 Angestellten. Die 55-jährige Anna B. managt das Sekretariat mit Verve – und das seit bald zehn Jahren. Sie geniesst das volle Vertrauen des Chefs und der Belegschaft. In der Tat: Anna B. hat ein grosses Herz und fast unerschöpfliches Verständnis für die Sorgen und Nöte der Mitarbeitenden.

Bei Kollegin Carola H. hört Anna B.s Mitgefühl allerdings auf. In der Firma wissen das inzwischen alle ausser einem – dem Chef. Es ist nicht zu übersehen: Die einst guten Kolleginnen, die sogar die Mittagspause jeweils gemeinsam verbrachten, meiden einander. Und doch müssen sie Hand in Hand im selben Büro arbeiten.

Ein schleichender Prozess

Bis vor wenigen Monaten galten die beiden Frauen als optimales Team. Die stille Schafferin Carola H. und die kommunikativ veranlagte

Anna B. ergänzten sich bestens. Und sie sorgten im perfekten Jobsharing dafür, dass der Laden rundlief.

Volle Auftragsbücher führten auch im Sekretariat zu Überstunden. Der Chef bewilligte deshalb vor einem halben Jahr eine Stellenaufstockung. Da Carola H. nicht mehr als 50 Prozent arbeiten wollte, übernahm Anna B. die zusätzlichen 30 Stellenprozente. Sie arbeitete nun an vier statt zweieinhalb Tagen pro Woche.

Die Veränderung in der Beziehung der beiden Frauen vollzog sich fast unmerklich. Carola H.s Zimmerpflanze etwa hatte während ihrer Ferienabwesenheit keinen Tropfen Wasser bekommen. Anna B. entschuldigte sich wortreich: Sie habe unheimlich viel zu tun gehabt. Carola H. sagte nichts und ging zur Tagesordnung über. Auch als eine Frauenzeitschrift über Nacht spurlos von ihrem Pult verschwand, verkniff sich Carola H. jeden Kommentar.

Ein Fall von Mobbing?

Als Carola H. aber eines Morgens realisierte, dass Anna B. ihr wichtige, ihre Arbeit betreffende Informationen vorenthalten hatte, stellte sie ihre Kollegin zur Rede. Anna B. reagierte pikiert. Wer nur halbtags arbeite, müsse sich halt schon selber um die benötigten Informationen bemühen. Carola H. habe sie, Anna B., ja nicht danach gefragt.

Ab diesem Zeitpunkt war im Sekretariat nicht gut miteinander Kirschen essen. In der Folge passierte es immer öfter, dass ein Auftrag liegen blieb. Weil Carola H. und Anna B. nicht mehr miteinander sprachen, dachte jede, die andere erledige die Sache. Umgekehrt kam es auch schon mal zu Doppelspurigkeiten. Und Carola H. kam mit der Arbeit, die sich auf ihrem Pult ansammelte, kaum mehr zurande, während Anna B. ständig mit einem aufgeräumten Schreibtisch brillierte. Carola H. wurde immer häufiger krank. Und das brachte Anna B. noch mehr gegen die Kollegin auf.

BUCHTIPP

Irmtraud Bräunlich Keller: **Mobbing – so nicht! Wie Sie sich gegen Schikanen am Arbeitsplatz wehren.** www.beobachter.ch/buchshop

Es kommt zum Eklat

So viel zur Vorgeschichte. Zum Eklat kommt es, als Carola H. an Annas freiem Arbeitstag den Auszubildenden dazu einspannt, einige Briefe zu schreiben: Sie habe dem Lehrling keine Weisungen zu erteilen. Das stehe einzig ihr selbst zu, herrscht Anna B. ihre Kollegin am folgenden Morgen an. Carola H. bricht in Tränen aus.

Der Chef, der die Auseinandersetzung durch die angelehnte Tür mitbekommt, stürzt ins Sekretariat und versucht, die aufgebrachten Gemüter zu beruhigen. Ihm liegt viel daran, die Ursachen des heftigen Zusammenstosses zu ergründen, hat er doch seit geraumer Zeit einen merklichen Qualitätsabfall in der Sekretariatsarbeit festgestellt. Doch seine Vermittlungsbemühungen bleiben ohne Erfolg. Weil er beide als fähige Mitarbeiterinnen schätzt, möchte er keine der beiden verlieren. Ein Vorstandskollege im Fussballverein gibt ihm schliesslich den Tipp, Anna B. und Carola H. in eine Mediation zu schicken.

Konfrontation beim Mediator

Wenige Tage später sitzen Anna B. und Carola H. dem Mediator gegenüber. Sie würdigen sich keines Blicks. Das Gespräch kommt nur mühsam in Gang. Die Frauen sind sichtlich erleichtert, dass sie sich an den Mediator richten dürfen, statt einander direkt ansprechen zu müssen. Beide sind um Argumente nicht verlegen, wenn es darum geht, die verfahrene Situation im Sekretariat zu rechtfertigen.

«Und wie fühlen Sie sich bei der Arbeit?», fragt der Mediator Carola H. während eines Moments des Schweigens. Carola H. hält inne. Auch Anna B. ist verblüfft und dreht den Kopf zum ersten Mal in Richtung ihrer Kollegin. Ihr gehe es äusserst mies, und dies schon seit Wochen, sagt Carola H. leise. Tränen schiessen ihr in die Augen. Dieser elende Streit mache sie fix und fertig. Sie könne sich über nichts mehr freuen und auch nicht mehr richtig schlafen, so sehr liege ihr jeweils der nächste Arbeitstag auf dem Magen. Eigentlich wisse sie gar nicht, warum Anna B. so unausstehlich geworden sei. Sie führe sich auf wie ein schlechter Chef, dabei seien sie, das wisse Anna B. genau, einander hierarchisch gleichgestellt.

Endlich Klartext

Anna B. steht die Betroffenheit ins Gesicht geschrieben. Der Mediator fordert sie nun auf, ihre Gefühle bezüglich der Bürosituation zu äussern. Nach längerem Schweigen gibt sich Anna B. einen Ruck und sagt, dass auch sie sich nicht gut fühle. Sie habe sich mehr als einmal dabei ertappt, wie sie ihre schlechte Laune im Wein habe ertränken wollen. Immer öfter bereue sie zutiefst, dass sie Ja gesagt habe zur Pensumaufstockung. Neben Haus und Garten habe sie kaum mehr Zeit für sich selbst, und das ärgere sie. Aber eine von ihnen habe damals in den sauren Apfel beissen müssen, und da Carola H. ihr Pensum partout nicht habe aufstocken wollen, seien die 30 Prozent an ihr selbst hängengeblieben.

Sie habe nie im Traum daran gedacht, dass Anna B. die Übernahme der 30 Stellenprozente missfiel, im Gegenteil, sagt Carola H. überrascht und wendet sich nun Anna B. direkt zu: «Ich erlebe dich in der Firma als Energiebündel, du bist in deinem Element wie ein Fisch im Wasser!» Und etwas leiser fügt sie hinzu: «Ich wäre froh, wenn auch ich mehr aus mir herauskommen könnte.»

Eigentlich gefalle ihr die Arbeit schon, räumt Anna B. ein, erfreut über das kollegiale Zugeständnis. Da sie nun aber an vier Tagen in der Woche präsent sei, kämen alle mit ihren Anliegen zu ihr. Sie sei plötzlich für alles und jedes zuständig. «Das hat mich, wie ich jetzt realisiere, überfordert. Doch ich sagte mir: Wenn schon Verantwortung, dann bestimme auch ich, wo es langgeht.»

Eine befriedigende Lösung

Der Mediator hat den aufkeimenden Dialog bewusst nicht unterbrochen. Doch jetzt nimmt er die Fäden wieder in die Hand und fragt Anna B., was sie denn im Sekretariat gerne ändern würde.

Anna B.s Wunschliste, in die Carola H. gleichberechtigt einbezogen war, erweist sich in der zweiten Mediationssitzung als solider Anknüpfungspunkt. Die beiden Frauen erkennen, dass ihre Kommunikationsstörungen wesentlich durch mangelnde Kompetenzabgrenzung respektive durch sich überschneidende Arbeitsbereiche verursacht worden sind. Gemeinsam erarbeiten sie Vorschläge, wie sie die Arbeit sinnvoller aufteilen könnten. Überraschend schnell finden sie eine befriedigende Lösung. In der Schlussvereinbarung halten Anna B. und Carola H. ausserdem fest, dass sie jede Woche zu einer Sitzung zusammenkommen, um sich gegenseitig zu informieren, Erfahrungen auszutauschen und auch Unangenehmes auf den Tisch zu bringen.

Anna B. und Carola H. sind inzwischen wieder ein Team und begegnen sich heute mit respektvoller Herzlichkeit. Der Chef ist über den positiven Ausgang erleichtert und freut sich, dass er seine Mitarbeiterinnen behalten kann. Die Stellen neu zu besetzen, hätte ihn ein Vielfaches des Mediationshonorars gekostet.

IM SINNE DES DIALOGS: MEDIATION IN DER WIRTSCHAFT

Wenn Angestellte streiten, kann dies die Firma teuer zu stehen kommen: Gärende Konflikte, ob im Handwerksbetrieb, im Verband oder im Grosskonzern, verschlingen viel Zeit und Geld. Einige massgebliche Faktoren:

- Das Austragen eines Konflikts kostet Arbeitszeit, zudem werden Aufgaben vernachlässigt.
- Die Zusammenarbeit streitender Mitarbeitender verschlechtert sich, was zu aufwendigeren Arbeitsabläufen und zu Fehlleistungen führt.
- Personalwechsel ist kostenintensiv und bringt einen Abfluss von Wissen und Erfahrung mit sich.
- Aufgrund der Beschäftigung mit dem Konflikt entgehen der Firma unter Umständen potenzielle Aufträge.

Konflikte beeinflussen zudem auch das weitere, nicht direkt involvierte Umfeld negativ. Eine Trennung im Streit führt im zurückbleibenden Team nicht selten zu Vertrauensverlust und Motivationsschwund, was sich negativ auf Teamgeist und Arbeitsleistung auswirkt.

Die Einsatzmöglichkeiten von Mediation im Wirtschaftsleben sind vielfältig. Mediation eignet sich bei zwischenmenschlichen Zwisten am Arbeitsplatz ebenso wie bei Konflikten zwischen Gruppen und Abteilungen. Im Familienbetrieb leistet die Mediation etwa beim Generationenwechsel in der Firmenführung wertvolle Dienste. Auch Auseinandersetzungen zwischen Management und Gewerkschaften lassen sich durch Mediation angehen. Und nicht zuletzt stellt Mediation bei Auseinandersetzungen zwischen Unternehmen respektive zwischen Unternehmen und Kunden oder Lieferanten eine kostengünstige, effiziente und imageschonende Alternative zu teuren Gerichtsverfahren dar. Immer mehr Firmen versehen denn auch ihre Kundenverträge mit Mediationsklauseln, die im Fall von Differenzen zum Tragen kommen.

Ein Konflikt signalisiert oft verdeckt die Notwendigkeit eines Wandels. Dieser Umstand erfährt im Arbeits- und Wirtschaftsleben eine besondere Akzentuierung. Mediation greift das vorhandene Entwicklungspotenzial auf. In seinem Buch «Mediation als Organisationsentwicklung» bringt es Wilfried Kerntke auf den Punkt: «Die Konfliktbeteiligten zeigen die unterschiedlichen inneren Stimmen der Organisation. Im Konflikt sind sie schrill. In der Mediation werden sie in einen Dialog gebracht.» Und erst der Dialog ermöglicht Entwicklung.

Mediation im öffentlichen Raum

Grossprojekte werfen ihre Schatten, lange bevor sie realisiert werden: Da sie oft alle möglichen Bereiche des Lebens tangieren – Gesellschaft, Ökologie, Ökonomie –, sind Konflikte nicht selten ihre negative Begleiterscheinung.

Ob es um den Bau neuer Verkehrsinfrastrukturen, Kläranlagen, Fabrikationsgebäude oder Kirchen geht: Durch die Auswirkungen auf den Lebensraum der Bevölkerung, auf Umwelt und Wirtschaft sind Interessenkonflikte und damit auch langwierige Einsprache- und Beschwerdeverfahren oft programmiert. Das folgende Beispiel dreht sich um die Mediation eines Konfliktes im Zusammenhang mit der Erschliessung neuer Kiesabbauvorräte in einer ländlichen Gemeinde.

Fallbeispiel: Blockiertes Grossprojekt

Seit nunmehr zwölf Jahren plant die ortsansässige Firma Kiesel AG in Bachwil, neu entdeckte Kiesvorkommen abzubauen. Den Bemühungen war bisher kein Erfolg beschieden. Zuerst zogen Einsprachen von Anwohnerinnen und Anwohnern das Planungs- und Bewilligungsverfahren arg in die Länge. Dann traten neue Gesetzesbestimmungen in Kraft. Wichtige Teile der Projektunterlagen wurden dadurch unbrauchbar.

Monate später glaubten die Kiesel AG und die Gemeinde, mit einem überarbeiteten Projekt eine mehrheitsfähige Lösung gefunden zu haben: Die durch das Froschbachtobel führende projektierte Strasse, die das Sortierwerk der Kiesel AG mit dem neuen Abbaugebiet verbinden sollte, würde gleichzeitig das Bachwiler Zentrum vom Schwerverkehr entlasten. Das Projekt erfüllte damit ein wichtiges Anliegen der Bachwiler Bevölkerung, war es doch im Dorfkern bereits zu mehreren schweren Unfällen mit Lastwagen gekommen.

EIN PROJEKT – VIELE BETEILIGTE

Projekte im öffentlichen Raum haben grosse Wirkung: Es geht um die Wahrung von Lebensqualität, um die Nutzung respektive den Schutz von Natur und Landschaft, aber auch um den Erhalt von Arbeitsplätzen, um wirtschaftliche Prosperität. Hinter diesen Interessen stehen die unterschiedlichsten Interessengruppen: Bürger und Politikerinnen, Unternehmer, Handwerkerinnen und Bauern, Umweltaktivisten und Naturschützerinnen.

Den Behörden kommt eine besondere Rolle zu. Als Bewilligungsinstanz führen sie die Einspracheverfahren durch, prüfen aber auch die Rechtmässigkeit von Projekten, formulieren Auflagen und erteilen oder verweigern Bewilligungen. Als Exekutivbehörde stehen sie im Sold der steuerzahlenden Öffentlichkeit: Sie haben sich um die Interessen der Wirtschaft ebenso zu kümmern wie um die des Umweltschutzes oder der vom Lastwagenverkehr drangsalierten Bevölkerung. Eine machtvolle, oft problematische Doppelfunktion.

Es liegt nahe, sich bei Vorhaben im öffentlichen Raum auf die Zusammenarbeit mit den Behörden zu konzentrieren. Wegen des Beschwerderechts von Verbänden und Organisationen ist diese bilaterale Vorgehensweise jedoch nicht angezeigt. Um Einsprachen und Beschwerden zuvorzukommen, ist es vielmehr empfehlenswert, alle Betroffenen rechtzeitig einzubeziehen. Die Mediation ist dafür ein geeignetes Verfahren.

Dringender Handlungsbedarf

Trotzdem ist dem Vorhaben erneut heftige Kritik erwachsen. Eine grosse Umweltschutzorganisation hat dem Bau einer zweispurigen

Strasse durch das Froschbachtobel – ein Schutzgebiet für Amphibien – und der Nachnutzung des Kiesabbaugebiets als Multikomponentendeponie den Kampf angesagt. Sie hat Einsprache eingelegt und in der Folge Beschwerde gegen die Baubewilligung der Gemeinde sowie gegen die kantonale Bewilligung des Kiesabbauplans eingelegt.

DER EINBEZUG ALLER AKTEURE

Was für die Mediation im Allgemeinen gilt, hat in der Mediation im öffentlichen Raum ganz besondere Bedeutung: der Einbezug aller am Konflikt beteiligten Parteien. Nur so ist gewährleistet, dass die erarbeitete Lösung tragfähig und von Dauer ist. Mit Vorteil nehmen daher auch nicht direkt an der Auseinandersetzung beteiligte Parteien teil, die den Konflikt aus dem Hintergrund beeinflussen und dessen Lösung untergraben könnten, beispielsweise kantonale Instanzen. Damit ist der öffentlich-rechtliche Standpunkt in der Mediation präsent. Die Gefahr, dass die Parteien eine Lösung des Konflikts erarbeiten, die der Kanton in der Folge nicht bewilligt, ist dadurch gebannt.

Das Kiesabbauunternehmen steht mittlerweile mit dem Rücken zur Wand, zumal die bewilligten Kiesabbauvorräte weitgehend aufgebraucht sind. Auch die Gemeinde hat ein Interesse an einer zügigen Realisation des Projekts: Der Konkurs der Kiesel AG würde für Bachwil einen Verlust an Steuereinnahmen und Arbeitsplätzen bedeuten. Der Vorschlag der Umweltschutzorganisation, die Differenzen in einer Mediation anzugehen, ist deshalb der rettende Strohhalm. Die Kiesabbaufirma geht sofort auf den Vorschlag ein.

Durch eine gründliche Analyse des Ausgangszustandes verschafft sich der beauftragte Mediator einen Überblick. Er schlägt vor, dass neben der Kiesel AG und der Umweltschutzorganisation auch die Gemeinde am Mediationsprozess teilnehmen solle.

Argumente auf dem Prüfstand

Nachdem die laufenden Verfahren auf Antrag der Parteien und mit behördlicher Zustimmung vorläufig eingefroren worden sind, beginnt die Mediation. Die Stimmung ist reserviert; manches Votum ist von einem gehässigen Unterton begleitet – die Nachwirkung der jahrelangen fruchtlosen Auseinandersetzungen. Doch der Leidensdruck und der Wille, nun endlich gemeinsam eine Lösung zu finden, ist spürbar.

Im Laufe der Mediation darf jedes Argument, und scheint es noch so stichhaltig, hinterfragt werden. Die Variante, den Kiestransport vom Abbaugebiet zum Sortierwerk mit einer Förderbandanlage zu bewältigen, ist beispielsweise wegen angeblicher Unwirtschaftlichkeit nie genauer geprüft worden. Ein Gutachten belegt nun, dass diese Annahme falsch war: Die Förderbandlösung ist sogar günstiger als der Lastwagentransport!

Die Parteien können ihre Berührungsängste allmählich ablegen. Feindbilder und Ängste – zum Beispiel die, dass die Umweltschutzorganisation mithilfe des Beschwerderechts den Kiesabbaubetrieb fertigmachen wolle – lösen sich in Luft auf. Das Verhandlungsklima verbessert sich deutlich, und die Diskussionsbeiträge werden immer kreativer.

Endlich Lösungen in Sicht

In der Folge können alle Konfliktparteien der Förderbandlösung für den Kiestransport zustimmen, womit sich die Lärm- und Abgasbelastung im Froschbachtobel um die Hälfte reduzieren wird. Auch für die umstrittene Folgenutzung der ausgebeuteten Kiesgrube als Multikomponentendeponie zeichnet sich eine Lösung ab. Ein hydrologisches Gutachten hält fest, dass das Abbaugebiet über einem Grundwasserstrom liegt. Eine Deponie könnte das Trinkwasser der Gemeinde gefährden. Aufgrund dieses Wissens verzichtet die Kiesel AG auf die geplante Folgenutzung. Die Grube soll dereinst mit sauberem Aushubmaterial aufgefüllt werden.

Da die Lastwagentransporte von Kies und Sand sowie die Anlieferung des Materials für die Wiederauffüllung der Abbauareale nicht durch Bachwil geführt werden können, muss trotzdem eine lastwagentaugliche Strasse durch das Froschbachtobel geplant werden. Bei gemeinsamen Begehungen diskutieren die Parteien nun den Verlauf der neuen Strasse, die Bachwil vom Werkverkehr entlasten soll.

Nachdem die Kiesel AG sich bereit erklärt hat, eine alte Abfalldeponie zu sanieren, erlaubt der Kanton eine geringfügige Verlegung eines Zuflusses zum Froschbach. Damit kann die geplante Strasse optimal geführt werden, was die Eingriffe ins Froschbachtobel und die nötigen Baumrodungen auf ein Minimum reduziert. Unter diesen Umständen zieht die Umweltschutzorganisation ihre Beschwerde gegen das Projekt zurück, zumal die Kiesel AG ein grosses Amphibienersatzbiotop als Ausgleich anbietet und weitere Kompensationsmassnahmen zusichert.

Grünes Licht für das Projekt

Weil die Parteien die Interessen aller an der Mediation Beteiligten berücksichtigt haben, ist es zu unerwarteten Lösungen gekommen. Das Projekt hat sowohl in technischer wie auch in ökologischer Hinsicht gewonnen und übertrifft teilweise den gesetzlich geforderten Minimalrahmen. Es wird in der Folge sogar von der Vereinigung Umwelt und Wirtschaft ausgezeichnet.

Am Ende der zweijährigen Mediation stehen alle als Gewinner da: Die Kiesel AG kann den Betrieb weiterführen. Der Kiesabbau am neuen Ort ist bereits im Gang. Bachwil ist vom Lastwagenverkehr befreit, die Arbeitsplätze sind erhalten. Trotzdem bleibt das Schutzgebiet Froschbachtobel intakt. Und die Umweltschutzorganisation hat die Beeinträchtigung des Grundwassers und grosse negative Auswirkungen im Froschbachtobel verhindert; als Kompensation für die verbleibenden Eingriffe hat sie grosszügige Zugeständnisse für Ersatz- und Ausgleichsmassnahmen erhalten.

MEDIATION MIT GROSSEN GRUPPEN

Mehrparteienmediationen finden sich nicht nur im Umweltbereich, sondern auch bei sozialen Konflikten, etwa in einem Stadtquartier. Solche Mediationen mit grossen Gruppen folgen besonderen Regeln. Meist laden die Mediatorin und der Mediator – Mehrparteienmediationen werden oft im Team durchgeführt – zu einer öffentlichen Veranstaltung, an der alle Betroffenen sich äussern und ihre Anliegen einbringen können. Im weiteren Verlauf bestimmen die einzelnen Interessengruppen in der Regel Delegierte, die sie an den folgenden Mediationssitzungen vertreten. Das Mediatorenteam wird dabei besonders darauf achten, dass die Rückbindung der Delegierten zu ihrer Gruppe funktioniert, damit alle Mitglieder der Interessengruppen in die Lösungen eingebunden sind. Bei Mediation mit grossen Gruppen kann es auch zur Bildung von Untergruppen kommen, die unter Anleitung von Mediatorinnen Teilaspekte aushandeln.

Spezielle Formen der Mediation

Mediation als Instrument der Konfliktbearbeitung ist praktisch in allen Lebenslagen einsetzbar: im kleinen Zirkel der Familie genauso wie im grossen Feld der Öffentlichkeit – sogar auf der internationalen Bühne.

Wie die Fallbeispiele aus der Praxis anschaulich illustrieren, hat jedes Anwendungsgebiet der Mediation seine Eigenheiten. Zudem gibt einige besondere Formen und Aspekte, die im Folgenden kurz erläutert werden sollen. Dazu verlassen wir unseren Kulturkreis und wagen uns aufs internationele Parkett.

Politische Mediation

Bei zwischenstaatlichen Konflikten treten häufig Drittstaaten als Vermittler auf. Wie sich solche «Mediationen» im Einzelnen abspielen, ist mangels öffentlich zugänglicher Informationen schwer einzuschätzen. Sie finden meistens in Form der sogenannten Pendeldiplomatie statt: Der Vermittler respektive die Mediatorin führt Gespräche mit Konfliktpartei A, fliegt dann zu Gesprächen mit Konfliktpartei B, um sich anschliessend zurück zu Partei A zu begeben. Das Waffenstillstandsabkommen und der darauffolgende Friedensvertrag zwischen Eritrea und Äthiopien 2000/2001 ist beispielsweise durch eine solche Shuttle-Mediation zustande gekommen.

Als erfolgreicher politischer Mediator ist der ehemalige US-Präsident und Friedensnobelpreisträger Jimmy Carter in die Geschichte eingegangen. Seine Vermittlung zwischen Begin und Sadat in Camp David 1978 brachte Israel und Ägypten den Frieden.

Abweichungen vom herkömmlichen Verfahren
Das eigentliche, in diesem Buch vorgestellte Mediationsverfahren kommt in einem solchen Kontext kaum direkt zur Anwendung. Allein der Druck, der etwa durch den Entzug von internationalen Krediten auf die Konfliktparteien ausgeübt wird, widerspricht dem Neutralitätsgebot, dem Mediatoren hierzulande verpflichtet sind. Drittstaatenmediatoren führen oft konkrete Lösungsvorschläge im Handgepäck, die nicht von den Parteien kreiert worden sind. Auch das widerspricht den Regeln der Kunst.

Zudem werden der israelische Premierminister Menachem Begin und der ägyptische Präsident Anwar al-Sadat bei ihren damaligen Verhandlungen zum Friedensschluss kaum die emotionalen Aspekte des Konflikts aufgearbeitet und gegenseitiges Mitgefühl entwickelt haben …

Mediation in der Entwicklungszusammenarbeit

Auch in der internationalen Entwicklungszusammenarbeit gewinnt Mediation zunehmend an Bedeutung. Dabei entfaltet die Methode einen ganz bestimmten Teil ihres Potenzials, der bei uns weniger beachtet wird: Es sind die pädagogischen Aspekte, die zu einem friedlichen Zusammenleben, zu humanitärem Rechtsempfinden und demokratischer Staatenbildung anleiten.

Die Mediation unterstützt die Menschen bei der Problemlösung im Alltag. Sie lässt sie die Erfahrung machen, dass ihre Bedürfnisse und Meinungen zählen und eine Wirkung entfalten. Das stärkt lokale Friedenspotenziale und die Gemeindebildung. Die reine Mediationsmethode kommt auch hier selten zur Anwendung, vielmehr handelt es sich um mediationsähnliche Verfahren, die den partnerschaftlichen Dialog untereinander, aber auch mit der unterstützenden Entwicklungshilfeorganisation aufbauen sollen.

In der eidgenössischen Entwicklungszusammenarbeit ist die Mediation als längerfristige Strategie in die Armutsbekämpfung und die Friedensentwicklung integriert.

Der interkulturelle Aspekt

Das in diesem Buch vorgestellte Mediationsverfahren wurde ursprünglich in den USA entwickelt, jedoch an die europäischen Verhältnisse und Gepflogenheiten angepasst. Das war notwendig, weil wir eine eigene Streitkultur und ein grundlegend anderes Rechtssystem pflegen.

Wenn wir solche Unterschiede bereits innerhalb der westlichen Welt ausmachen, um wie viel grösser sind sie dann verglichen mit Ländern in Asien, Afrika und Lateinamerika! Es ist deshalb leicht nachvollziehbar: Interkulturelle Aspekte können in einer Mediation, an der Menschen aus unterschiedlichen Kulturen beteiligt sind, auch unterschiedlich wirksam werden. Dabei stellen sich etwa folgende Fragen:

- Wie werden in den entsprechenden Kulturen Konflikte thematisiert?
- Welche Rollen kommen den vermittelnden Drittpersonen zu?
- Wer darf an einer Verhandlung teilnehmen?
- Ist es üblich, eigene Bedürfnisse und Interessen offen darzulegen und über Gefühle zu sprechen?

Dieses Hintergrundwissen ist wichtig und kann den Ausgang einer Mediation stark beeinflussen. So ist es in gewissen Kulturen beispielsweise ein Tabu, mit Fremden über innerfamiliäre Angelegenheiten oder über psychische Krankheiten zu diskutieren.

Einem Asylsuchenden, der in seinem Heimatland gefoltert wurde, ist es deshalb unter Umständen nicht möglich, über seine psychischen Verletzungen zu sprechen. Hier setzt die interkulturelle Kommunikation mit ihren wertvollen Diensten an: Interkulturelle Kommunikatorinnen und Kommunikatoren stammen meistens selbst aus dem jeweiligen Kulturkreis, sind aber hier zu Hause. Sie können den Arzt, die Ärztin etwa auf die Stigmatisierung von psychisch Kranken in deren Heimatland aufmerksam machen und mit diesem Hintergrundwissen Missverständnissen vorbeugen.

Mehr als blosse Übersetzungsarbeit

In der Mediation arbeiten interkulturelle Kommunikatorinnen und Kommunikatoren mit, wenn es darum geht, fremdsprachige Konfliktparteien zu befähigen, selbstverantwortlich an einer Mediation teilzunehmen. Und das ist weitaus mehr als blosses Übersetzen. So gesehen kann jeder Konflikt, ob er sich nun auf dem Pausenhof der Schule, im Wohnblock der Genossenschaftssiedlung oder in der Werkstatt der Autogarage zuträgt, interkulturelle Aspekte aufweisen.

In den seltensten Fällen sind jedoch kulturelle Differenzen Hauptursache für einen Konflikt. Mieterinnen und Mieter etwa stören sich in der Regel unabhängig von ihrer Herkunft am Lärm aus der Nachbarwohnung. Oder sie streiten sich wegen des Waschküchenschlüssels und ärgern sich über illegales Grillieren auf dem Balkon. Die Kulturzugehörigkeit dient oft als vorgeschobener Grund dafür, dass man mit «denen eben nicht auskommen kann». Nicht selten ist es die Schwierigkeit, sich verständlich zu machen, die ursprünglich kleine Irritationen zu handfesten Konflikten eskalieren lässt. Und manchmal liegt man zwar mit der Nachbarsfamilie im Clinch, hat aber noch nie richtig miteinander gesprochen, geschweige denn, sich kennengelernt. In solchen Fällen hilft Mediation, den Gesprächsfaden aufzunehmen und weiterzuspinnen.

Mediation und Recht

Mediation bewegt sich im Spannungsfeld zwischen der Dominanz und der Abwesenheit von Recht. Auch hier gilt es, zwischen den Extremen zu vermitteln.

Eine Regelung für den Streit zweier Kinder um die letzte Orange – siehe unser Beispiel auf Seite 20 – findet sich in keinem Gesetz. Bei den meisten Konflikten unter Erwachsenen hingegen hält das Gesetz mehr oder weniger klar geregelte Vorschriften bereit. Ein Ehemann und Vater kann seinen Anspruch auf «persönlichen Verkehr mit dem Kind» gerichtlich erzwingen. Die Ehefrau und Mutter findet richterliche Unterstützung bei der Durchsetzung ihrer Ansprüche auf «gebührenden Unterhalt». Der Nachbar kann sich im Streit um die schattenwerfende Tanne auf gesetzlich geregelte Pflanzabstände berufen. Der Arbeitnehmer kann ausstehende Lohnansprüche, die Versicherte die verweigerte Leistung, der Bauherr den durch mangelhafte Handwerkerarbeit entstandenen Schaden einklagen.

Unsere Rechtsordnung ist stark vom Denken geprägt, dass es in Konflikten eigentlich nur ums Gewinnen oder Verlieren geht, um Ansprüche und Gegenansprüche und um den Kampf ums Recht. Viele Menschen erwarten, dass sie Gefühle von Ohnmacht, Enttäuschung oder gar Hass an das Rechtssystem delegieren können und dafür als Ausgleich ihr Recht bekommen. Dem Rechtssystem wird die Macht zugewiesen, für Schuldausgleich, Wiedergutmachung oder Rache zu sorgen. Solche Ansprüche kann unser Rechtssystem jedoch nicht erfüllen. Dennoch begleitet dieses Anspruchsdenken die Konfliktparteien meist auch in eine Mediation.

Verrechtlichung und Entrechtlichung

Im Umgang mit Konflikten und dem Recht erliegen die Menschen zudem häufig zwei auseinanderstrebenden Tendenzen, die den Inhalt der Mediation stark beeinflussen. Der deutsche Jurist und Mediator Stefan Breidenbach nennt sie «Verrechtlichung» und «Entrechtlichung»: Verrechtlichung bedeutet, dass der Konflikt auf die pure Rechtslage reduziert wird. Die persönliche Beziehung unter den Konfliktparteien tritt in den Hintergrund, und die Interessen und Bedürfnisse hinter den Positionen kommen nicht mehr zum Tragen. In diesem Klima sind kreative und für beide Seiten vorteilhafte Lösungen fast unmöglich. Ein verrechtlichter Konflikt findet seine «Lösung» schliesslich in einem Nullsummenspiel: Was die eine Partei gewinnt, verliert die andere. Kommt hinzu, dass auf einem solchen Weg ausschliesslich Vergangenheitsbewältigung betrieben wird und die Zukunftsgestaltung auf der Strecke bleibt.

Ebenso fatal ist der Weg des Konfliktes in die Entrechtlichung. Dabei nehmen die Parteien die rechtlichen Dimensionen des Konfliktes nicht mehr wahr. Die emotionalen und sozialen Aspekte werden überbetont. Das birgt die Gefahr, dass der Schutzeffekt, den das Recht vor allem für die schwächere Partei bereithält, nicht in Anspruch genommen wird. So kann sich ein bereits bestehendes Machtungleichgewicht weiter verfestigen.

Die Mediation sucht die Mitte zwischen diesen beiden Tendenzen. Es liegt deshalb in der Verantwortung der Mediationsfachleute, darauf zu achten, dass die Konfliktparteien nicht in die eine oder andere Richtung abgleiten.

FÖRDERT MEDIATION: DIE SCHWEIZERISCHE ZIVILPROZESSORDNUNG

Die seit 2011 geltende schweizerische Zivilprozessordnung (ZPO) verändert allmählich das herkömmliche Denken und Handeln in unserer Rechtsordnung. Bevor man eine Klage beim Gericht einreichen darf, muss ein Schlichtungsverfahren durchgeführt werden gemäss dem Prinzip: zuerst schlichten, dann richten. Davon gibt es nur wenige Ausnahmen. Und als Alternative zum Schlichtungsverfahren sieht das neue Prozessrecht in Artikel 213 ZPO die Mediation ausdrücklich vor (siehe auch das Kapitel «Gerichtsnahe Mediation», Seite 61). Diese können die Parteien bei der Schlichtungsbehörde beantragen. Ist die Mediation erfolgreich, genehmigt die Schlichtungsbehörde die getroffene Vereinbarung – sie ist damit rechtsgültig. Scheitert die Schlichtung oder die Mediation, stellt die Behörde die Klagebewilligung aus.

Auch nach Einleitung der Klage, im Entscheidverfahren vor Gericht, ist eine Mediation noch möglich. Die Zivilprozessordnung sieht in Artikel 214 vor, dass der Richter den Parteien «jederzeit eine Mediation empfehlen» kann. Oder die Parteien beantragen eine Mediation vor Gericht.
In beiden Fällen bleibt das gerichtliche Verfahren bis zur Beendigung der Mediation sistiert.

In familienrechtlichen Angelegenheiten kann das Gericht die Eltern jederzeit zu einer Mediation auffordern. Dies wird es vor allem dann tun, wenn bei hochstrittigen Scheidungen und Trennungen das Wohl und die Rechte der Kinder betroffen sind (Art. 297 Abs. 2 ZPO). Hier können die Eltern eine unentgeltliche Mediation beantragen.
Das neue Kindes- und Erwachsenenschutzrechtes (KESR) sieht beim Kindesschutz ebenfalls die Möglichkeit einer Mediation vor (Art. 314 Abs. 2 ZGB), was nicht nur bei Besuchs- und Ferienrechtsstreitigkeiten, sondern auch bei der gemeinsamen elterlichen Sorge, die seit 1. Juli 2014 die Regel ist, ausgesprochen sinnvoll ist. Wenn das Wohl des Kindes

gefährdet ist, kann das Gericht oder die Kindes- und Erwachsenenschutz-Behörde (KESB) eine Mediation auch anordnen, die Eltern also gegen ihren Willen zu einer Mediation verpflichten. Am Bezirksgericht Baden hat man mit diesen Pflichtmediationen bereits gute Erfahrungen gemacht, wie Gerichtspräsidentin Andrea Staubli bestätigt. «Es ist allerdings sehr wichtig», ergänzt sie, «dass die Behörde eine solche Mediation sorgfältig vorbereitet und die Eltern umfassend darüber informiert, weshalb sie zu einer Mediation verpflichtet werden.»

Link zu den Merkblättern des Obergerichts des Kantons Zürich: www.gerichte-zh.ch (→ Zivilprozess → Mediation)

Die Bedeutung des Rechts in der Mediation

Mediation ist eine gute Alternative zum rechtlichen Vorgehen, aber sie spielt sich nicht im rechtsfreien oder gar rechtlosen Raum ab – im Gegenteil: Das Recht ist ein Teil der Realität, der sich die Parteien in der Mediation gegenübersehen, und ein Bezugspunkt für die Diskussion. Daneben gibt es aber weitere wichtige Faktoren, die die Verhandlungen beeinflussen: die individuellen Interessen und Bedürfnisse der Parteien, die wirtschaftliche Realität, der Sinn für Fairness und Gerechtigkeit, die persönliche Beziehung unter den Konfliktparteien, die Gefühle füreinander, das Rollenverständnis, die Aufgabenteilung und anderes mehr.

INFO *Die Mediation ist erst dann gelungen und vollendet, wenn sich die Parteien am Ende des Verfahrens, in voller Kenntnis der Rechtslage sowie ihrer juristischen Chancen und Risiken, bewusst für eine alternative Konfliktlösung entschieden haben. Und wenn sie sicher sind, dass die gefundene Lösung den* *rechtlichen Bestimmungen genügt, für sie aber besser ist als die, die nach Gesetz und Gerichtspraxis in einem strittigen Verfahren getroffen worden wäre.*

Auch wenn der Umgang mit Recht und Gesetz in der Mediation eine reichlich komplexe und anspruchsvolle Sache ist – das Recht spielt in fast jeder Konfliktsituation eine bedeutsame Rolle. Man sollte ihm nicht zu viel Gewicht beimessen, es aber auch nicht ignorieren. Richtig eingesetzt, kann es die Parteien in vielfacher Hinsicht im Verlauf jeder Mediation auf der Suche nach einvernehmlichen Lösungen unterstützen:

- Das Recht ermöglicht, sich die eigene Position klarzumachen, von der aus man bewusst nach Alternativen sucht.
- Das Recht bietet mit seinen Regelungen und Quellen Anregungen und Möglichkeiten zur Lösung der anstehenden Konflikte.
- Das Recht setzt Leitplanken für die korrekte Gestaltung privatrechtlicher Verträge unter den Parteien.
- Das Recht dient als «Checkliste» zur Überprüfung der Vollständigkeit der getroffenen Regelungen.
- Das Recht kann der schwächeren Partei den Rücken stärken: Kennt sie ihre eigene Rechtsposition, fördert das die Selbstbehauptung.
- Das Recht hilft, eine in der Mediation geschlossene Vereinbarung gerichtlich durchzusetzen.
- Das Recht wirkt als Auffangnetz für den Fall, dass die Mediation ganz oder teilweise scheitert.

Alternativen zur Mediation

Mediation ist in vielen Fällen ein geeignetes Verfahren, um einvernehmliche und nachhaltige Problemlösungen zu erzielen. Daneben gibt es weitere Konfliktlösungsmöglichkeiten, deren sich die Menschen je nach ihrem Wesen und Charakter, nach ihrer Weltanschauung und nach ihren Wertkriterien bedienen.

Auch die Art und der Schweregrad des Konfliktes beeinflussen die Wahl der Methode. Nicht jeder Konflikt eignet sich zur Bearbeitung und Lösung in der Mediation. Eine Auseinandersetzung kann beispielsweise so sehr eskaliert sein, dass man besser einen anderen Weg wählen sollte.

Im Folgenden ein Überblick über die Alternativen zur Mediation. Dabei können sich die einzelnen Möglichkeiten überschneiden.

- Allein verhandeln und entscheiden: Das gelingt, wenn die Parteien (noch) gut miteinander umgehen können, etwa gleich stark oder mächtig sind und sich über die Konsequenzen ihres Verhandelns und ihrer Entscheidungen im Klaren sind. Unter Umständen ist es bereits auf dieser Stufe hilfreich, sich von Vertrauenspersonen aus dem privaten Umfeld unterstützen und begleiten zu lassen.
- Hilfe durch (Rechts-)Beratungsstellen oder einen gemeinsamen Rechtsanwalt in Anspruch nehmen: Dieses Vorgehen ist angezeigt, wenn die Parteien noch ziemlich gut miteinander umgehen und verhandeln können, jedoch alleine oder gemeinsam Informationen, Hilfe, Rat und Unterstützung durch fachlich geschulte Drittpersonen brauchen. Die Entscheidung über Lösungen und getroffene Vereinbarungen liegt weiterhin bei den Konfliktparteien.
- Den Friedensrichter, ein Schiedsgericht oder eine Schlichtungsstelle aufsuchen: Die Parteien können und wollen gemeinsam verhandeln, nehmen aber dazu die Hilfe und Anleitung einer Drittperson in Anspruch und akzeptieren deren Einmischung in die Auseinandersetzung. Sie erwarten von der Drittperson auch Vorschläge zur

Lösung des Konfliktes. Hier fällen die Parteien die Entscheidung über die Konfliktlösung meist nicht mehr selbst, sondern delegieren sie an die aussenstehende Person.

- Ombudsleute konsultieren: Dies ist eine Sonderform der Konfliktbearbeitung bei Auseinandersetzungen zwischen Privaten und der öffentlichen Verwaltung oder grösseren Unternehmen und Institutionen. Ombudsleute haben keine eigene Entscheidungsgewalt. Sie üben aber aufgrund ihrer von den Institutionen und Unternehmen unabhängigen Stellung grossen Einfluss auf die Lösungsvarianten und Entscheidungsfindung aus. Sie sind befugt, Einsicht in sämtliche Akten zu nehmen, was ihre Stellung zusätzlich stärkt.
- Rechtsanwälte beauftragen: Die Parteien beauftragen je einen eigenen Anwalt und delegieren die Ausarbeitung von Lösungsvarianten und die Verhandlung mit der Gegenpartei (dem Gegenanwalt) an ihn. Auf dieser Stufe können und wollen die Parteien nicht mehr direkt miteinander verkehren und verhandeln; sie nehmen nur noch indirekt und häufig in sehr geringem Ausmass Einfluss auf die Entscheidungsfindung. Die Zustimmung zur ausgearbeiteten Lösungsvariante ist meist nur noch eine Formsache.
- Den Konflikt vor einem Gericht austragen: Die Parteien delegieren die Konfliktlösung ans Gericht. Sie verhandeln nicht mehr direkt miteinander, sondern treffen sich vor dem Richter, meist in Begleitung ihrer Anwältinnen und Anwälte. In festgefahrenen Situationen ist dies die einzige Möglichkeit, zu einem sicheren Entscheid zu gelangen. Allzu oft resultiert aus der gerichtlichen Entscheidung aber ein Nullsummenspiel, das heisst, was die eine Partei im Prozess gewinnt, verliert die andere. Allerdings bemühen sich viele Richter, den Parteien einen sogenannten Vergleich zur Lösung des Konfliktes vorzuschlagen. So können auch vor Gericht Entscheidungen zustande kommen, die Kompromisscharakter haben, wenigstens teilweise individuelle Aspekte berücksichtigen und dadurch nicht bloss Gewinner und Verlierer zurücklassen.

3

Mediation in der Praxis

Die Entscheidung für eine Mediation

Nachdem Sie sich mit den Anwendungsbereichen der Mediation auseinandergesetzt haben, geht es um die Frage, ob diese Methode im konkreten Konfliktfall überhaupt in Frage kommt, und darum, wie sie in die Wege geleitet wird.

Sie wissen nun, was Mediation ist und in welchen Bereichen sie anwendbar ist. Dieses Kapitel geht der Frage nach, wie Sie im konkreten Konfliktfall eine Mediation aufgleisen können. Ist der Konflikt überhaupt durch Mediation lösbar? Und wie lässt sich erkennen, ob der Mediator, die Mediatorin kompetent ist?

Die folgenden Fragen liefern einen Anhaltspunkt dafür, ob es in Ihrem Fall sinnvoll ist, eine Mediation durchzuführen.

Eignet sich Mediation zur Lösung meines Konflikts?

Grundsätzlich lassen sich alle Konflikte durch Mediation bearbeiten, sofern sie nicht zu sehr eskaliert sind (siehe Kapitel «Wo Mediation nicht greift», Seite 122).

Was bedeutet das nun konkret für Sie und Ihre Konfliktsituation? Versuchen Sie, sich an die letzten Wochen und Monate zu erinnern, und beantworten Sie für sich die folgenden Fragen:

- Wie hat die Auseinandersetzung angefangen?
- Was war der strittige Punkt?
- Worum geht es heute konkret?

Wenn Sie sich plötzlich um mehr Konfliktpunkte streiten als zu Beginn der Auseinandersetzung und wenn Sie es kaum über sich bringen, die Gegenpartei anzusprechen, geschweige ihr in die Augen zu schauen, ist zur Konfliktbearbeitung Hilfe von aussen angezeigt. Ihr Konflikt ist mediationstauglich – sofern die Auseinandersetzung nicht mit roher Gewalt geführt wird. Dies ist allerdings bloss eine Faustregel und soll als erster Anhaltspunkt dienen. Die Mediatorin wird in der Vorbereitungsphase weitere Abklärungen treffen.

Will ich mich darauf einlassen?

Der Mediation wird ab und zu vorgeworfen, ein Verfahren für Softies zu sein, bei dem man sehr «lieb» miteinander umgeht. Tatsächlich braucht es für den Schritt in eine Mediation mehr Mut als für das Verharren in einem vielleicht schon lange dauernden Konflikt. Mediation ist vielleicht «weich» in den Umfangsformen, der Prozess aber, den die Medianten durchlaufen, ist alles andere als «soft»: Die Auseinandersetzung – etwa mit dem eigenen Verhalten – kann schmerzlich sein und die Parteien gewaltig fordern.

Haben Sie Mut? Wenn Sie sich zu den folgenden Fragen ernsthaft Gedanken gemacht und sie für sich beantwortet haben, sind Sie in der Entscheidungsfindung einen grossen Schritt weitergekommen:

- Will ich den Konflikt beilegen, oder macht es mir nichts aus, mit der Gegenpartei im Streit zu liegen?
- Welche Vorteile brächte es mit sich, wenn ich mit der Konfliktpartei wieder normal verkehren könnte?
- Wie wichtig ist es mir, wieder ein gutes Verhältnis zur anderen Partei zu haben?
- Wie viel Lebensqualität hat mich der Konflikt bereits gekostet?
- Wie viel Zeit und Geld habe ich für den Konflikt bisher aufgewendet? Wie fühle ich mich dabei?

- Bin ich grundsätzlich bereit, den Konflikt offen und aufrichtig anzugehen? Fühle ich mich dazu autonom und eigenverantwortlich genug?
- Habe ich den Mut, mich mit dem Denken und Fühlen der Konfliktpartei auseinanderzusetzen und meinen eigenen Anteil am Konfliktgeschehen kritisch zu durchleuchten?
- Wie werde ich mich fühlen, wenn der Konflikt für alle Beteiligten auf befriedigende Art und Weise beigelegt ist?

DIE ESKALATIONSSTUFEN BEI KONFLIKTEN

Der Konfliktforscher Friedrich Glasl hat die «Temperatur», auf der Konflikte «kochen», anhand einer neunstufigen Treppe dargestellt. Die oberste Stufe symbolisiert den Ausgangspunkt eines Konfliktes, die Phase der Irritation und inneren Verhärtung. Auf der untersten Stufe regiert die Zerstörung. Die Stufen hat Glasl so benannt:

Stufe 1: Verhärtung
Stufe 2: Debatte, Polemik
Stufe 3: Taten statt Worte
Stufe 4: Images und Koalitionen
Stufe 5: Gesichtsverlust
Stufe 6: Drohstrategien
Stufe 7: Begrenzte Vernichtungsschläge
Stufe 8: Zersplitterung
Stufe 9: Gemeinsam in den Abgrund

Glasl geht davon aus, dass Differenzen bis Stufe drei ohne fremde Hilfe lösbar sind. Ab Stufe drei bis sechs, in gewissen Fällen auch bis sieben, kann ein Konflikt mithilfe der Mediation bearbeitet werden. Was darüber liegt, erfordert handfestere Massnahmen wie etwa einen Machteingriff. Nach Beruhigung der Gemüter ist Mediation auch in diesen Fällen wieder denkbar.

Habe ich Alternativen?

Mediation ist nicht das allein selig machende Verfahren. Es gibt andere Möglichkeiten, Konflikte beizulegen (siehe Seite 93). Die Verfahrenswahl wird auch beeinflusst von den realen Alternativen, die Ihnen sonst noch offenstehen. In diesem Zusammenhang wurden die Begriffe BATNA und WATNA geprägt: BATNA bedeutet Best Alternative To a Negociated Agreement, also beste Alternative zu einer verhandelten Einigung; WATNA bedeutet das Gegenteil: Worst Alternative To a Negociated Agreement, also schlechteste Alternative zu einer verhandelten Einigung.

Welches ist die beste Alternative?

Das Wissen um das eigene BATNA und WATNA ist sehr hilfreich, um das weitere Vorgehen in einer Konfliktsituation zu klären. Wer eine gute Alternative hat – etwa die Aussicht, vor Gericht Recht zu bekommen –, ist wenig motiviert, in eine Mediation einzuwilligen. Tun Sie es trotzdem, weil Ihnen daran liegt, das Verhältnis zur anderen Konfliktpartei zu verbessern, wird das Wissen um das BATNA Sie darin unterstützen, Ihre Bedürfnisse und Interessen eigenverantwortlich zu vertreten.

Um Ihr BATNA zu kennen, kann es sinnvoll sein, juristische Beratung in Anspruch zu nehmen. Das gilt insbesondere für eine Ehescheidungssituation. Das Wissen der Parteien um Rechte, Pflichten und Alternativen trägt stark zum Gelingen einer Mediation bei.

Wie bringe ich die Gegenpartei an den Tisch?

Wir wissen es alle: Es ist nicht einfach, den ersten Schritt zu tun. Vor allem dann, wenn der Streit sich bereits Monate hinzieht und niemand mehr so richtig weiss, was Ursache war und was Wirkung.

Bekanntlich gibt es aber viele Wege, die nach Rom führen. Einige Wegweiser:

- Je genauer Sie wissen, was Sie möchten respektive nicht mehr wollen, desto leichter wird es Ihnen fallen, den ersten Schritt zu tun. Greifen Sie dabei auf Ihre Antworten beim Abschnitt «Will ich mich darauf einlassen?» (Seite 99) zurück. Wenn Sie sich mit diesen Fragen noch nicht auseinandergesetzt haben, tun Sie es jetzt. Die Klärung wird Ihnen helfen, bei der Übergabe der Friedenspfeife die richtigen Worte zu finden.
- Unterbreiten Sie der Gegenseite das Mediationsangebot schriftlich. Dabei soll die Wortwahl kurz, klar und freundlich ausfallen. Wenn Sie sich unsicher fühlen, lassen Sie den Brief von einer aussenstehenden Person Ihres Vertrauens gegenlesen.
- Warum nicht eine dritte Person als Botin einsetzen? Das kann die Lehrerin, der Pfarrer, die Gemeinderätin oder der Gemeindeschreiber aus Ihrem Wohnort sein. Oder ein Bekannter, der auch die Gegenpartei kennt, sich aber aus dem Streit herausgehalten hat. (Wie die Kontaktaufnahme in Form eines Briefes aussehen könnte, zeigt der Mustertext im Anhang.)
- Wenn bereits Anwältinnen, Anwälte eingeschaltet sind, lässt sich das Mediationsangebot durch diese Fachpersonen übermitteln. Der Nachteil dieser Methode ist, dass die Botschaft über zwei Personen – Anwalt/Gegenanwältin – läuft, bis sie den Adressaten erreicht.

TIPP *Wenn Sie Ihr Mediationsangebot über einen Anwalt übermitteln wollen, sollten Sie darauf achten, dass er der Mediation befürwortend gegenübersteht und das Verfahren kennt. Sonst könnte Ihr Vorhaben scheitern.*

Anzufügen bleibt, dass es ebenfalls zu den Aufgaben einer Mediatorin, eines Mediators gehört, die Konfliktparteien zu einer Mediation zu motivieren. Das Problem hierbei ist, dass die Gegenpartei die von

Ihnen beauftragte Mediationsperson als parteiisch wahrnehmen könnte. Aus diesem Grund lehnen es einige Mediatoren und Mediatorinnen ab, diese Aufgabe zu übernehmen. Anders sieht es aus bei Konflikten mit mehreren Konfliktbetroffenen. In diesen Mehrparteien- und Grossgruppenmediationen ist es von Vorteil, wenn geschulte Fachpersonen den Konfliktbearbeitungsprozess «aufgleisen». Diese der eigentlichen Mediation vorgeschobene Phase wird auch «process providing» genannt. Eine Mediatorin (oder bei sehr grossen Fällen ein Mediationsteam) analysiert das Konfliktgeschehen, kontaktiert und motiviert die Konfliktbetroffenen und organisiert den Konfliktbearbeitungsprozess. Die eigentliche Mediation wird dann unter Umständen von einem anderen Mediationsteam durchgeführt.

Wie finde ich die geeignete Fachperson?

Mediatorin/Mediator ist kein geschützter Beruf. Dennoch hat der Schweizerische Dachverband Mediation SDM-FSM die Ausbildungsanforderungen geregelt. Fachleute, die den Standards genügen, können sich beim Dachverband registrieren lassen und dürfen sich Mediatorin/Mediator SDM-FSM nennen. Sie verpflichten sich, ihre Arbeitsweise laufend zu reflektieren und regelmässig Weiterbildungskurse zu besuchen. (Eine Liste dieser registrierten Mediationsfachpersonen finden Sie auf der SDM-Website; die Adresse finden Sie im Anhang.)

TIPP *In der Schweiz bieten verschiedene Institutionen von der Fachwelt und insbesondere vom Dachverband anerkannte Modulausbildungsgänge in Mediation an. Personen, die diese mindestens 200 Unterrichtsstunden umfassende Ausbildung durchlaufen haben, sollten das professionelle Handwerk der Mediation beherrschen. Fragen Sie die Mediationsperson im Erstgespräch nach ihrem Werdegang.*

Neben objektiven Kriterien für die Wahl einer Mediatorin spielt auch die gegenseitige Sympathie eine Rolle. Wenn die «Chemie» nicht stimmt oder Sie an der Kompetenz des Mediators ernsthaft zweifeln, wird es unmöglich sein, sich auf einen Prozess einzulassen, der Offenheit und Vertrauen verlangt. Suchen Sie in diesem Fall weiter.

Was zählt, sind einschlägige Erfahrungen

Mediation ist eine Weiter- und keine Erstausbildung. Jede Mediatorin, jeder Mediator hat einen Grundberuf, sei es im psychosozialen, ingenieurtechnischen, betriebswirtschaftlichen, pädagogischen, pflegerisch-medizinischen oder juristischen Bereich.

Grundsätzlich gilt: In einer Mediation ist der Mediator für den Prozess zuständig und nicht für den Inhalt. Er wird weder das Geschehen kommentieren noch Lösungsvorschläge machen. Der berufliche Hintergrund ist deshalb in der Regel von untergeordneter Wichtigkeit; zum Tragen kommen die allgemeinen Erfahrungen und Kompetenzen aus der Berufsarbeit, gepaart mit der Lebenserfahrung, zum Beispiel: Sozialkompetenz, Fähigkeit zur Zusammenarbeit und zu vernetztem Denken.

Doch angesichts der zahlreichen Anwendungsbereiche von Mediation kann eine gewisse Aufgabenteilung sinnvoll sein. Es ist hier wie in anderen Berufen auch: Übung macht den Meister, die Meisterin. Hat eine Mediationsperson in einem spezifischen Konfliktfeld bereits mehrere Mediationen durchgeführt, kann sie auf diesen Erfahrungen aufbauen.

Der Grundberuf spielt indes bei der Wahl der Anwendungsfelder, in denen eine Mediationsperson arbeiten möchte, mit eine Rolle. Ein pädagogisch geschulter Mediator wird eher die Schulmediation wählen, eine Mediatorin aus dem ingenieurtechnischen Bereich entscheidet sich eher für Wirtschafts- oder Umweltmediation. Sowohl Lehrer wie Ingenieurin profitieren hier von den eigenen branchenspezifischen Kenntnissen und Kontakten.

Spezialfall Familienmediation

Eine besondere Stellung nimmt die Familienmediation ein, wo das Recht – etwa bei Scheidungen und Paartrennungen – eine wichtige Bedeutung innerhalb der Mediation hat (siehe «Mediation und Recht», Seite 88). Bewährt hat sich hier die Mediation im Zweierteam, dem je eine Fachperson aus dem juristischen und dem psychosozialen Berufsfeld angehören (siehe «Merkmale der Teammediation», Seite 109).

Eine Juristin als Mediatorin zu haben, kann heissen, dass die Rechtsberatung quasi mitgeliefert wird. Kritische Stimmen sehen allerdings gerade in dieser Doppelfunktion das Potenzial für eine Verletzung der Allparteilichkeit, einem der wichtigsten Gebote der Mediation. Sie befürchten, dass die schlechtere Rechtslage der einen Partei diese dazu veranlassen könnte, die Mediationsperson für parteiisch zu halten – zugunsten der anderen Partei mit der besseren Rechtslage. Zudem sind Anwälte und Anwältinnen auf Parteinahme getrimmt. Diese Haltung in der Mediation abzulegen, erfordert besondere Achtsamkeit.

INFO *In der Regel verlangen juristisch gebildete Mediatoren und Mediatorinnen einen höheren Stundenansatz. Damit gleichen sich die Kosten für eine externe juristische Willensfindungsberatung, die bei einer Mediation durch Fachpersonen mit nichtjuristischem Hintergrund anfallen können, meistens wieder aus.*

Wie kann ich die Qualität der Mediation beurteilen?

In praktisch allen psychosozialen Berufen machen neben der fachlichen Aus- und Weiterbildung menschliche Qualitäten die fähigen, kompetenten Berufsleute aus. Bei der Mediation verhält es sich genauso. Die

fundierte Ausbildung ist wichtig und nicht zu unterschätzen, geht es doch darum, das Handwerk dieses spezifischen Verfahrens kennen und beherrschen zu lernen. Ebenso bedeutsam sind jedoch die sozialen Kompetenzen eines Mediators, einer Mediatorin, die in der Schule des Lebens – durch mannigfaltige Erfahrungen und Selbsterfahrung – heranreifen. Diese soziale Kompetenz lässt sich nicht per Diplom zertifizieren. Ob Ihre Mediatorin sozial kompetent ist, sagen Ihnen Ihr Gefühl und Ihre Intuition. Ihre Beobachtungsgabe können Sie anhand der folgenden Anhaltspunkte schärfen:
Fähige Mediatorinnen und Mediatoren

- hören aktiv und einfühlend zu und lassen Medianten sehr schnell spüren, dass sie sie auch wirklich verstehen;
- können lange Äusserungen zusammenfassen und auf den Punkt bringen. Sie führen das Gespräch mit treffenden Fragen weiter, deren Antworten Ihnen bereits auf der Zunge liegen;
- geben beiden Parteien genügend Raum, den subjektiven Sachverhalt darzustellen, und bringen die Medianten, wenn sie abschweifen, immer wieder auf den eingeschlagenen Pfad zurück;
- sind einfühlend und allparteilich; sie ergreifen für alle Konfliktbeteiligten gleichermassen Partei. Auch kommentieren oder bewerten sie nie Äusserungen oder Handlungen der Medianten;
- wachen beinahe pingelig darüber, dass die vereinbarten Verfahrensregeln respektiert werden;
- treffen klare Abmachungen, die sie auch einhalten;
- bewerten gemachte Lösungsoptionen nicht und machen keine eigenen Vorschläge, weil dies in der Mediation Sache der Parteien ist.

Die Mediation erhält Konturen

Bevor die eigentliche Mediationsarbeit beginnen kann, gilt es in einem ersten Schritt, einige wichtige Grundsatzfragen zu klären und Rahmenbedingungen zu definieren.

Das allgemeine Verfahren der Mediation wurde bereits beschrieben (ab Seite 30). Wenn Sie die Ausführungen bis hierher aufmerksam gelesen haben, sind Sie auf die Mediation bestens vorbereitet. Vielleicht stehen Sie auch schon mitten in der Vorlaufphase unter Einbezug der vorgesehenen Mediationsfachleute.

In der Praxis, also im konkreten Fall, heisst es nun zu klären, was im Hinblick auf eine optimale Vorbereitung und den Einstieg in die Mediation gelten soll.

Die Voraussetzungen klären

Die Vorlaufphase und die erste Phase der eigentlichen Mediation, die dazu dienen, Auftrag und Ziel der Mediation zu definieren und ein Arbeitsbündnis zwischen den Konfliktparteien und der Mediationsperson zu erarbeiten, sind wichtige Schlüssel zum erfolgreichen Verlauf der Mediation. Die Mediatorin, der Mediator wird zuerst Ihre Aufmerksamkeit auf die Regeln der Mediation und des Umgangs miteinander lenken und Ihnen diese erklären. Sie werden einen ersten Überblick über den möglichen Ablauf der Mediation erhalten.

Zur Vorbereitungsphase gehört es auch, zu prüfen, ob Mediation für den vorliegenden Konflikt wirklich das geeignete Verfahren ist. Vor allem wird es aber um die Frage gehen, ob Sie und die andere Konfliktpartei sich für das mediative Verfahren eignen. Die Mediationsperson wird mit ihren Fragen herauszufinden versuchen, wie es um Ihre Motivation steht und ob Sie fähig und willens sind, Ihre Bedürfnisse und Interessen in den Verhandlungen eigenverantwortlich zu vertreten.

Die Bereitschaft zur (Un)einigkeit

Der amerikanische Rechtsanwalt und Mediator Gary J. Friedman bringt zwei weitere Voraussetzungen auf den Punkt, die im ersten Gespräch geklärt werden sollten: Mediation braucht eine «Bereitschaft zur Uneinigkeit» und eine «Bereitschaft zur Einigung». Sie sollten also nicht nur bereit sein, Ihren Standpunkt offen darzustellen und gegen jede Entscheidung zu behaupten, die Ihren weiteren Lebensweg behindern könnte. Sie sollten auch bereit sein, auf beiderseitig annehmbare Entscheidungen hinzuarbeiten. «Es mag paradox klingen», sagt Friedman, «aber die Fähigkeit zur Uneinigkeit öffnet den Weg zur Einigung. Man hat kein echtes Ja, bevor man nicht ein Nein gehabt hat.»

Nun geht es aber nicht nur um die Frage, ob Ihr Konflikt die Bedingungen erfüllt respektive ob Sie die richtigen Voraussetzungen für eine Mediation mitbringen. Ebenso entscheidend ist, ob sich die Mediatorin, der Mediator eignet.

Der Entscheid, mit der Mediationsperson zusammenzuarbeiten, liegt bei Ihnen. Treffen Sie ihn auf der Grundlage von Gefühlen der Sympathie und Akzeptanz, die Sie bei sich selbst während und nach dem ersten Gespräch wahrnehmen. Überlegen Sie ferner, wie Sie die fachliche Kompetenz des Mediators einschätzen. Lesen Sie dazu nochmals den Abschnitt «Wie finde ich die geeignete Fachperson?» auf Seite xx. Der Entscheid zugunsten oder zuungunsten eines Mediators, einer Mediatorin soll und darf erst nach der ersten Mediationssitzung fallen.

Auch der Mediator wird sich überlegen, ob er sich eine gedeihliche Zusammenarbeit mit Ihnen vorstellen kann, und Ihnen seine Einschätzung mitteilen.

Einzel- oder Teammediation?

Je nach Einschätzung der Ausgangslage Ihrer Situation im Konflikt und der Voraussetzungen wird der Mediator Ihnen vielleicht vorschlagen, die Form der Ko- oder Teammediation zu wählen. Teammediation ist besonders geeignet, wenn der Konflikt sehr komplex ist, in ausgeprägtem Mass sowohl emotionale, sachliche und rechtliche Aspekte aufweist und bereits eine hohe Eskalationsstufe erreicht hat.

MERKMALE DER TEAMMEDIATION

Bei einer Teammediation ist das Mediatorinnenteam interdisziplinär zusammengesetzt, das heisst, je nach Anwendungsgebiet gehören Experten wie etwa Juristinnen, Sozialarbeiterinnen, Umwelt- oder Baufachleute zum Team. Damit haben Sie Ansprechpersonen sowohl für die sachlich-juristischen als auch für die emotionalen und psychologischen Probleme.

In einer Teammediation lässt sich jede Art von Unterschiedlichkeit und Ungleichgewicht integrieren. Polaritäten wie Mann–Frau, Mutter–Vater, Recht–Gefühl, entweder–oder, Ordnung–Chaos, führen–folgen können leichter aufgelöst und für die Zukunft nutzbar gemacht werden.

In einer Teammediation sitzt Ihnen oft ein gemischtgeschlechtliches Team gegenüber. So fliessen die weibliche und die männliche Sichtweise mit ein. Dies ist von Vorteil, weil es geschlechtsbezogene Kommunikationsmuster und Konfliktlösungsstile gibt. Damit wird es einfacher, über verschiedene Interessen und Bedürfnisse von Mann und Frau zu verhandeln.

Ko- oder Teammediation findet besonders bei Familienmediation und bei Mediation mit grossen Gruppen breite Anwendung, eignet sich aber auch für jeden anderen Bereich. Sie hat allerdings den Nachteil, dass sie Sie teurer ist. Dieser Aspekt führt uns zur Kostenfrage: Die Klärung der Kosten für die Mediation und ihre Aufteilung unter den Konfliktparteien gehört ebenfalls zur Vorbereitungsphase.

Die Finanzierung regeln

Mediatorinnen verrechnen ihr Honorar nach dem Zeitaufwand für die Sitzungen und die zusätzlich erforderlichen Tätigkeiten: Vor- und Nachbereitung, Korrespondenz, Telefonate, Aktenstudium und Ausfertigung von Dokumenten, etwa die Vereinbarung zum Abschluss der Mediation. Fragen Sie Ihren Mediator, wie er die Stunden verrechnet und was in seinem Ansatz inbegriffen ist. Im Gegensatz zum Anwaltshonorar haben die Höhe des Streitwertes und der Erfolg des Verfahrens keinen Einfluss auf die Höhe des Mediationstarifs. Hingegen richten viele Mediatorinnen und Mediatoren ihre Tarife nach dem Einkommen und Vermögen der Medianten.

TIPP *Haben Sie eine Rechtsschutzversicherung? Viele Versicherungen übernehmen in begrenztem Ausmass Mediationskosten, wenn auch meist nicht für alle Rechtsbereiche.*

Wie teuer kommt Sie Mediation zu stehen? Es gibt keine einheitlichen Tarife – sie sind Gegenstand von Abmachungen. Die Tarife der Mediatoren mit juristischem Grundberuf sind tendenziell höher als die von Mediatoren aus dem psychosozialen Fach. Derzeit liegen die Ansätze ungefähr bei 180 bis 400 Franken pro Stunde. Bei Wirtschaftsmediationen können die Honorare deutlich höher sein.

Grundsätzlich ist es richtig, wenn die Kosten der Mediation unter den Konfliktparteien nach deren Möglichkeiten aufgeteilt werden. Zahlt nur eine Partei, könnte sie damit unbewusst die Erwartung auf ein für sie günstiges Verhandlungsergebnis verknüpfen. Die Frage, nach welchem Massstab die Aufteilung der Kosten geschehen soll, bietet Ihnen bereits in der ersten Sitzung Anlass, sich mit der anderen Partei im mediativen Verhandeln zu üben.

WENN DIE FINANZIERUNG PROBLEME BEREITET

In kindesrechtlichen Angelegenheiten nicht vermögensrechtlicher Art haben die Parteien Anspruch auf eine unentgeltliche Mediation, wenn ihnen die erforderlichen Mittel fehlen und ihnen das Gericht die Durchführung einer Mediation empfiehlt. Das bestimmt die Schweizerische Zivilprozessordnung (Art. 218 Abs. 2 ZPO). In verschiedenen Kantonen ist die Kostenübernahme durch den Staat auch in anderen Fällen möglich. Fragen Sie Ihren Mediator, was in Ihrem Wohnkanton gilt. Wenn sich das Problem der Finanzierung auf diesem Weg nicht lösen lässt, können Sie sich auch bei Sozialberatungsstellen nach Beiträgen aus Stiftungen und Rechtshilfefonds erkundigen. Viele Mediatoren sind zudem bereit, in Härtefällen über die Höhe des Honorars zu verhandeln oder Zahlungserleichterungen (Stundung, Ratenzahlung) zu gewähren.

Den Zeitaufwand abschätzen

Da sich das Honorar des Mediators nach Zeitaufwand berechnet, könnten Sie in Versuchung kommen, im Verfahren auf Tempo zu machen. Das könnte allerdings kontraproduktiv sein. Im Sinne einer tragfähigen Lösung ist es wichtig, dass Sie sich genug Zeit nehmen. Eine Vereinbarung, die innert Kürze der Nachbesserung bedarf oder sich gar als untauglich erweist, wird Sie teurer zu stehen kommen als eine von vornherein sorgfältig erarbeitete Lösung.

Mediation nimmt in der Regel drei bis zehn Sitzungen in Anspruch. Der Abstand zwischen den Sitzungen kann variiert werden. Am besten halten Sie sich an den von Gary J. Friedman postulierten Grundsatz, dass «es nur so schnell gehen kann, wie der Langsamere von Ihnen braucht, um Entscheidungen zu treffen». Der Mediator, die Mediatorin wird darüber wachen, dass dieser Grundsatz von keiner der Konfliktparteien missbraucht wird, um eine längst fällige Entscheidung hinauszuzögern.

Das Arbeitsbündnis schliessen

Wenn Sie nach einer allfälligen Vorlaufphase, nach der ersten Sitzung oder spätestens im Verlauf der zweiten bis hierher gekommen sind, sind alle wichtigen Fragen und Rahmenbedingungen für den Beginn der eigentlichen Mediation weitgehend geklärt. Damit haben Sie die Grundlagen gelegt für ein stabiles Arbeitsbündnis mit dem Mediator. Dieses wird üblicherweise besiegelt durch den Abschluss eines Mediationsvertrags, den alle Konfliktparteien und der Mediator unterzeichnen (Muster siehe Anhang). Im weiteren Verlauf der Mediation kann es beim Auftreten von Problemen allenfalls notwendig sein, bestimmte Voraussetzungen und Abmachungen aus der Vorlauf- und Einstiegsphase neu zu verhandeln und Änderungen zu vereinbaren. Das ist normal und gehört zum zyklischen Ablauf des Mediationsverfahrens.

Die Mediation läuft

Im Verlauf der Mediation stellen sich womöglich neue Fragen: Vielleicht kommt der Wunsch auf, die Meinung Dritter einzuholen. Vielleicht gerät aber auch der Prozess ins Stocken …

Nach der Vorbereitungsphase beginnt die eigentliche Mediation mit dem Sammeln der Themen, der Bestimmung der Konfliktpunkte, wechselseitigen Problemdefinitionen, Konfliktbearbeitung, Lösungssuche und Aushandeln der besten Lösung. Der Inhalt dieser Phasen wird im Kapitel «So verläuft eine Mediation» (ab Seite 30) genauer beschrieben.

In der Praxis können im Verlauf der Mediation zwei zusätzliche Aspekte aktuell werden: die Willensbildung mit Hilfe von aussen und die wichtige Frage, was zu tun ist, wenn die Mediation schiefläuft.

Willensbildung mit Hilfe von aussen

Wenn es darum geht, Lösungsmöglichkeiten zu suchen und auszuarbeiten, wird bei Ihnen fast sicher das Bedürfnis aufkommen, die Meinung von Fachleuten zu den verschiedenen Lösungsvarianten zu erfahren. Sie möchten Ihr Wissen um rechtliche, ökonomische, technische und soziale Rahmenbedingungen für die Gestaltung der Lösungen vermehren und Klarheit erhalten über Ihr BATNA und WATNA (siehe Seite 101). Dass Sie sich dieses Bedürfnis erfüllen, ist sinnvoll und völlig legitim. Nur ein fundiertes Wissen um Ihre eigene Rechtsposition wird Sie dazu befähigen, selbstverantwortete und selbstbehauptete Vereinbarungen zu schliessen, die Sie nachher auch nach aussen vertreten können.

Sie werden nun vielleicht versuchen, die Mediationsperson dazu zu bringen, Sie mit den gewünschten Informationen zu versorgen oder gar selbst Lösungen vorzuschlagen. Sie denken, das wäre naheliegend, denn die Mediatorin verfügt ja über das dafür notwendige Wissen. Zudem wäre es zeit- und kostensparend, diese Beratung gleich in der Mediation zu bekommen. Doch die Mediationsfachleute werden diesem Wunsch nicht nachkommen. Täten sie es doch, gerieten sie in Gefahr, ihre Neutralität, die in jeder Mediation so wichtige Allparteilichkeit, zu gefährden.

Externe Beratung als Inspirationsquelle

Statt Sie mit Informationen und Lösungsvorschlägen zu versorgen, wird die Mediatorin Sie auffordern, dafür externe Beratung in Anspruch zu nehmen. Möglichkeiten gibt es viele: Als Paar in Scheidung können Sie beispielsweise getrennt eine Rechtsanwältin oder eine Rechtsberatungsstelle aufsuchen und sich ganz parteiisch ausrechnen lassen, wie viel Unterhaltsgeld Sie fordern könnten beziehungsweise zahlen müssten. Sie können einen Notar konsultieren, um im Streit um eine Erbteilung herauszufinden, welcher Anteil Ihnen nach Gesetz zustünde. Sie können aber auch zur Sozial- oder Budgetberatungsstelle gehen, um Klarheit über Ihre finanzielle Situation und die Möglichkeiten der Vergrösserung des Kuchens zu erlangen.

Eine externe Beratung zur Willensbildung kann so zur Schatzkiste werden für neue Ideen, Ihre Verhandlungsposition stärken und letztlich zu einem guten Verhandlungsergebnis führen. Gemäss dem Offenheitsgebot (siehe Seite 27) ist es aber wichtig, dass Sie den Gang zum externen Berater gegenüber den anderen Konfliktparteien und der Mediatorin, dem Mediator transparent machen.

Wenn die Mediation zu scheitern droht

Haben Sie die letzte Mediationssitzung mit einem schlechten Gefühl verlassen und danach eine schlaflose Nacht verbracht? Glauben Sie, die Mediatorin, der Mediator stehe seit kurzem eher auf der Seite der anderen Konfliktpartei? Oder vermuten Sie, dass Ihre Kontrahenten an einem einvernehmlichen Ergebnis der Verhandlungen schon längst nicht mehr interessiert sind und nur an der Mediation teilnehmen, um den Schein zu wahren?

TIPP *Wenn Sie sich in der Mediation nicht wohlfühlen, sollten Sie Ihre Wahrnehmung ernst nehmen und nicht locker lassen, bis Sie davon überzeugt sind, dass das Problem gelöst ist. Lassen Sie sich vor allem nicht von den anderen Konfliktparteien unter Druck setzen, die Mediation gegen Ihren Willen fortzuführen. Denken Sie daran: Mediation ist freiwillig. Es ist Ihre Entscheidung, ob Sie mitmachen oder nicht!*

In einer Mediation kann einiges schieflaufen. Sei es, dass die Konfliktbeteiligten sich nicht an die vereinbarten Regeln halten, sei es, dass ihre Motivation zusammengebrochen ist. Es kann auch sein, dass auf Ihrer Seite die Voraussetzungen für ein Gelingen der Mediation nicht mehr gegeben sind. Vielleicht stehen starke Emotionen – Wut, Enttäuschung, Eifersucht, Trauer – einem gedeihlichen Verlauf der Mediation im Weg und müssten zuerst anderswo, im therapeutischen Rahmen, aufgearbeitet werden. Es könnte auch sein, dass die Mediatorin oder der Mediator, mit der Fallführung überfordert ist und methodische Fehler macht.

In solchen Situationen gibt es nur einen Rat: Formulieren Sie unbedingt so bald wie möglich Ihr Unbehagen und sprechen Sie über Vermutungen. Das ist gleichzeitig eine Prüfung im Hinblick auf die beruflichen Fähigkeiten des Mediators. Ist er der Situation gewachsen, wird er Störungen ernst nehmen und die Voraussetzungen dafür schaffen, dass sie in der Mediation bearbeitet und gelöst werden können. Erst dann wird er mit den eigentlichen Mediationsthemen weitermachen.

Gelingt das nicht, empfiehlt es sich, die Mediation abzubrechen und nach Alternativen zu suchen.

Die Mediation geht in die Endrunde

Der richtige Zeitpunkt für die Beendigung der Mediation ist da, wenn alle Konfliktbeteiligten sicher sind, dass sie mit der gefundenen Lösung zufrieden sind: wenn die Mediation kein Nullsummenspiel war, bei dem die einen das gewinnen, was die anderen verlieren; wenn die gefundene Lösung nicht nur ein (fauler) Kompromiss ist, bei dem lediglich die beiderseitigen Nachteile und Zugeständnisse im Vordergrund stehen und das Gefühl überwiegt, zu viel verloren zu haben.

Die schriftliche Vereinbarung besiegelt die Lösung

Wenn Sie so weit gekommen sind, wird das Verhandlungsergebnis in einer schriftlichen Vereinbarung festgehalten. Diese Vereinbarung können Sie selber verfassen oder durch die Mediatorin, den Mediator erstellen lassen. Wenn es in der Vereinbarung um rechtlich relevante Sachverhalte geht, gehört sie in gewissen Fällen notariell beurkundet (zum Beispiel ein Ehevertrag) oder sogar vom Gericht genehmigt (zum Beispiel eine Scheidungskonvention).

Wie sollte eine schriftliche Vereinbarung formuliert sein? Schreiben Sie in einer einfachen, klaren Sprache und benutzen Sie möglichst präzise Begriffe. Es muss klar zum Ausdruck kommen, wer was bis wann erledigt. Vermeiden Sie schwammige Begriffe wie «bald», «vernünftige Aufteilung» oder «nach Bedarf». Benutzen Sie eine positive Sprache. Es ist für die konsequente Einhaltung der Vereinbarung hilfreich, wenn Sie schreiben, was künftig getan werden soll, und nicht, was zu vermeiden ist. Der aufgesetzte Vereinbarungsentwurf wird in der Mediation so lange bereinigt, bis sich alle Beteiligten damit einverstanden erklären können.

Vertrauen ist gut, Fairnesskontrolle ist besser

Sind Sie unsicher, ob die Vereinbarung wirklich fair ist und korrekt formuliert? Dann können Sie eine sogenannte Fairnesskontrolle durch eine parteiisch beratende externe Rechtsanwältin durchführen lassen. Diese Kontrolle ist unverzichtbar, wenn es um einen notariell zu beurkundenden Vertrag geht oder um eine Trennungs- oder Scheidungskonvention, die vom Gericht genehmigt werden muss. Schliesslich wollen Sie ja sicher sein, dass Sie die Vereinbarung in voller Kenntnis der Rechtslage und des Risikos künftiger rechtlicher Komplikationen unterschreiben.

Informieren Sie die externe Anwältin, die Sie für die Fairnesskontrolle konsultieren, über den mediativen Prozess, der zur Vereinbarung geführt hat. Sonst besteht die Gefahr, dass die Anwältin Sie allzu parteiisch berät und damit unnötigerweise das Vertrauensverhältnis zu Ihrer Mediatorin in Gefahr bringt.

Mit den Informationen aus der Fairnesskontrolle werden Sie nochmals zu Ihrer Mediatorin gehen, um zusammen mit den anderen Konfliktparteien notwendige Veränderungen zu verhandeln und in die Vereinbarung einzubauen.

Probleme nach der Mediation

Es ist normal, wenn es bei der Umsetzung der Bestimmungen in der Vereinbarung Schwierigkeiten gibt. Die alltägliche Praxis kann Mängel oder Fehler in den Formulierungen sichtbar machen. Es ist deshalb sinnvoll, in die Vereinbarung eine Bestimmung aufzunehmen, mit der Sie sich verpflichten, Probleme bei der Umsetzung wiederum mediativ anzugehen. Vereinbaren Sie also einen weiteren Termin mit Ihrem

Mediator, mit Ihrer Mediatorin, wenn Sie die Schwierigkeiten nicht aus eigener Kraft lösen können. Er respektive sie kann Ihnen dabei helfen, die Kinderkrankheiten der Mediationsvereinbarung zu heilen.

TIPP *Einige Mediationsfachleute treffen sich rund zwei bis drei Monate nach der Mediation mit den Konfliktparteien zu einer Folgesitzung, um die Tauglichkeit der Vereinbarung zu prüfen. Hier können kleinere Probleme behoben werden. Zugleich dienen diese Sitzungen der Qualitätssicherung. Stellt sich heraus, dass die Vereinbarung nicht stabil ist, sind vielleicht andere Interventionen als eine erneute Mediation notwendig. Ein guter Mediator wird dies erkennen und Ihnen mitteilen.*

4

Weitere Aspekte der Mediation

Chancen und Grenzen der Mediation

Bei allen Vorteilen, die Mediation als Methode der Konfliktbereinigung zu bieten hat: Sie ist kein Verfahren für alle Fälle. Eine kritische Betrachtung zu Pro und Kontra.

Wie wir gesehen haben, hat Mediation viele Vorzüge. Sie ist eine kostengünstige und meist schnelle Methode der konstruktiven Streiterledigung. Sie hinterlässt keine Gewinner und Verlierer, sondern strebt eine faire Vereinbarung an, die die Bedürfnisse und Interessen aller Beteiligten bestmöglich berücksichtigt. Doch es gibt auch Fälle und Situationen, in denen Mediation unter Umständen nicht die beste Methode der Wahl ist. Dieses Kapitel zeigt, wo sie an ihre Grenzen stösst. Danach werden einige gängige Einwände gegen Mediation ausgeführt und kommentiert, bevor das Buch mit einer Betrachtung von Konfliktlösungsmodellen in der heutigen Gesellschaft schliesst.

Wo Mediation nicht greift

Wenn Menschen sich in Auseinandersetzungen verstrickt haben, aus denen sie nicht ohne fremde Hilfe herausfinden, stellt Mediation eine probate Alternative zu gängigen Verfahren dar. Wie bereits ausführlich dargelegt, ist der Erfolg dieser Methode an verschiedene Vorbedingungen und Verfahrensregeln geknüpft (siehe Kapitel «So funktioniert Mediation», Seite 24). Sind diese Voraussetzungen nicht oder nur ungenügend erfüllt, ist gegebenenfalls auf eine Mediation zu verzichten. Sie könnte sich in einem solchen Fall sogar kontraproduktiv auswirken. Die folgenden Punkte zeigen, wann und weshalb Mediation nicht angewendet werden sollte.

Unaufrichtigkeit

Mediation erfordert Mut zur Ehrlichkeit. Für eine konstruktive Konfliktlösung braucht es die Courage, sich offen und aufrichtig auf den Prozess einzulassen. Sind Offenheit und Aufrichtigkeit nicht vorhanden, fehlt eine wichtige Grundvoraussetzung für die Mediation. Schlimmer noch, sie könnte im Extremfall zur Gewinnung von Informationen missbraucht werden.

Zwang

Mediation basiert auf Freiwilligkeit. Das bedeutet, dass die Parteien selbstbestimmt entscheiden, ob sie in eine Mediation einwilligen oder nicht. Zwang durch Dritte wird den Erfolg einer Mediation gefährden. Ist die Freiwilligkeit nicht gegeben, wird die Mediatorin es unter Umständen ablehnen, eine Mediation durchzuführen. Wie auf Seite 23 ausgeführt, sind Mediationen in den USA jedoch zum Teil institutionalisiert, was ihre Erfolgschancen nicht mindert.

In der Schweiz kann das Gericht eine Mediation auch anordnen. Dies wird es vor allem zum Wohl von Kindern bei hochstrittigen Eltern tun, damit diese beispielsweise das Besuchsrecht konfliktfrei gestalten. «Mit der angeordneten Mediation», heisst es in einem Urteil des Schweizerischen Bundesgerichts vom 9. Dezember 2009, «wird den Parteien die Möglichkeit eingeräumt zu erkennen, dass [...] die Wiederaufnahme des Dialogs hauptsächlich im Interesse der Kinder liegt».

Gewalt

Mediation setzt auf die Kraft der Sprache und nicht auf diejenige von Fäusten. Gewalt hat in einer Mediation nichts zu suchen. Tragen Parteien ihre Auseinandersetzung gewalttätig aus, sind sie zu einer

Mediation (noch) nicht bereit: Der Konflikt wird auf einer zu hohen Eskalationsstufe ausgetragen. Bei Misshandlungen in einer Paarbeziehung sollte man keine Mediation durchführen, da es für die misshandelte Partei aus Angst vor weiterer Gewalt schwierig bis unmöglich sein kann, ihre Anliegen und Bedürfnisse selbstverantwortlich zu vertreten. Wenn Mediation doch zur Anwendung kommt, müssen die Bedingungen klar vereinbart und auch eingefordert werden.

Macht

Mediation schert sich nicht um Rang und Namen. Die Allparteilichkeit der Mediatorin, des Mediators stellt sicher, dass die Parteien in der Konfliktbearbeitung einander ebenbürtig sind. Wo ein grosses und vor allem unüberwindbares Machtgefälle zwischen den Parteien besteht, etwa in gewalttätigen Beziehungen oder bei existenzieller Abhängigkeit, eignet sich Mediation nicht zur Konfliktlösung: Das Machtgefälle kann eine Konfliktbearbeitung erschweren und zu «ungleichen» Ergebnissen führen.

Ein Machtungleichgewicht besteht ebenfalls, wenn der einen Partei eine gute Alternative zur Verfügung steht, etwa durch intakte Chancen auf ein positives Gerichtsurteil. Sie wird kaum zu echten Zugeständnissen bereit sein. Umgekehrt wird sich die Partei mit äusserst schlechten Karten unter Umständen zu Zugeständnissen hinreissen lassen, die sie in der Folge nicht einlösen kann. Beide Ausgangssituationen sprechen gegen eine Mediation.

Abhängigkeit

Mediation baut auf Autonomie und Selbstverantwortung. Menschen, die aufgrund einer (psychischen) Erkrankung oder einer ausgeprägten Suchtproblematik nicht in der Lage sind, ihre Bedürfnisse und Interessen zu vertreten, sollten nicht an einer Mediation teilnehmen. Dasselbe trifft auch auf traumatisierte Opfer von Gewalt zu. Die Mediatorin wird die Durchführung einer Mediation in solchen Fällen ablehnen.

Vorbehalte gegenüber Mediation

Öffentliche Kritik ist der Mediation unter anderem im Zusammenhang mit der Revision des Scheidungsrechts erwachsen. Im Folgenden werden die wichtigsten Einwände gegen die Mediation aufgeführt und kurz kommentiert.

Einwände gegen die Scheidungsmediation

- **Einwand 1:** Aufgrund ihrer spezifischen Lebenssituation sind Frauen oft in der schlechteren Verhandlungsposition als Männer, und sie haben weniger Erfahrung damit, ihre Interessen durchzusetzen. Dadurch laufen sie Gefahr, in einer Scheidungsmediation über den Tisch gezogen zu werden.
  Kommentar: Eine fachgerecht durchgeführte Mediation unterstützt beide Konfliktparteien darin, ihre Interessen und Bedürfnisse zu erkennen und sie in die Diskussion einzubringen. Ein allfälliges Machtungleichgewicht ausgleichen zu können, gehört zum elementaren Handwerk eines Mediators, einer Mediatorin. Es besteht auch die Möglichkeit, das Mediationsergebnis vor Unterschrift durch einen Anwalt, eine Anwältin zu überprüfen.

- **Einwand 2:** Als ein auf Konsens angelegtes Verfahren nützt Mediation das Harmoniebedürfnis der Frauen und ihre Bereitschaft zur friedlichen Kommunikation zu ihren Ungunsten aus.
  Kommentar: Mediation ist nicht primär auf Konsens angelegt, sondern auf Konfliktbearbeitung. Dabei geht es eben gerade nicht darum, unstimmige Lösungen zwecks Erhaltung der Harmonie herbeizuführen. Der Mediator unterstützt die Parteien darin, ihre hinter den Positionen versteckten Interessen und Bedürfnisse zu erforschen und zu formulieren. Die Beteiligten erleben diesen Vorgang als Machtzuwachs.

- **Einwand 3:** Frauen, die von ihren Männern misshandelt werden, ist es nicht zuzumuten, mit diesen an einem Tisch über Trennungslösungen zu verhandeln.
  Kommentar: Gewaltanwendung ist grundsätzlich eine Kontraindikation für eine Mediation. Bei Misshandlungen in einer Paarbeziehung kann es für die misshandelte Partei aus Angst vor weiterer Gewalt schwierig bis unmöglich sein, ihre Anliegen und Bedürfnisse selbstverantwortlich zu vertreten. Hier besteht jedoch die Möglichkeit, Verhandlungen über Trennungslösungen in einer sogenannten Pendelmediation zu führen: Kommunikation und Informationsaustausch zwischen den räumlich getrennten Parteien erfolgen dabei ausschliesslich durch die Vermittlung der Mediationsfachperson, die die Verhandlungsbotschaften von einer Partei zur anderen trägt.

Allgemeine Einwände

- **Einwand 1:** Das Mediationsverfahren ist nichts Neues. Konflikte werden schon lange durch Vergleiche und Konventionen beigelegt, was einer Mediation gleichkommt.
  Kommentar: Das Aushandeln von Vergleichen und Konventionen ist keine Mediation, auch wenn teilweise mediative Elemente angewendet werden. Im klar strukturierten Mediationsverfahren beziehen die Parteien die Gedanken und Gefühle des anderen in ihre Überlegungen ein. Diese empathische Haltung ermöglicht kreative Lösungen, die nicht auf Verzicht, sondern auf Einsicht gründen.

- **Einwand 2:** Mediationsfachpersonen aus psychosozialen Berufen fehlt der juristische Hintergrund. Sie haben bei komplizierten Rechtslagen keine Ahnung und können keine sachgerechten Vorschläge unterbreiten.
  Kommentar: Mediatoren sind in erster Linie für den Prozessablauf der Mediation verantwortlich. Es gehört nicht zu den Aufgaben des Mediators, den Parteien Vorschläge zu unterbreiten. Allein die

Parteien bestimmen Inhalt und Lösung des Konflikts. Eine Mediatorin muss allerdings erkennen, wann rechtliche Fragen relevant sind und gegebenenfalls Gutachten eingeholt werden müssen. Zur juristischen Willensbildung nehmen die Parteien parallel zur Mediation eine Rechtsberatung in Anspruch. In der Umweltmediation werden auch externe Gutachten eingeholt.

- **Einwand 3:** Mediation als Dienstleistung können alle anbieten, ohne eine spezifische Vor- und Ausbildung zu haben.
  Kommentar: Es stimmt, dass Mediatorin/Mediator (noch) kein geschützter Beruf ist. Der Schweizerische Dachverband Mediation SDM-FSM hat jedoch für die Qualitätssicherung von Ausbildung und Berufsbild Standards entwickelt. Fachleute, deren Ausbildung diesen Vorgaben entspricht und die sich zur Weiterbildung verpflichten, sind beim Dachverband registriert und dürfen den Titel Mediatorin/Mediator SDM-FSM führen (siehe auch SDM-Website: www.infomediation.ch).

- **Einwand 4:** Wie das Beispiel der Flughafen-Mediation in Zürich zeigt, sind die Erfolgsaussichten von Mediation, besonders im politischen Kontext, zweifelhaft.
  Kommentar: Jede Mediation benötigt eine Vorbereitungszeit, die je nach Anzahl der Konfliktbeteiligten und der Komplexität des Konflikts unterschiedlich lang ausfallen kann. Diese von Fachleuten auch «process providing» genannte Vorphase hat unter anderem den Zeck, zu prüfen, ob die Konfliktparteien an einer Mediation teilnehmen würden. Der Versuch, den Nutzungskonflikt um den Flughafen Zürich mit Mediation zu bearbeiten, steckte in dieser «process providing»-Phase, als er schliesslich abgebrochen wurde. Eine Mediation baut auf freiwilliger Teilnahme, und anscheinend konnten oder wollten sich nicht alle Konfliktparteien auf den Mediationsprozess einlassen. Die eigentliche Flughafen-Mediation fand also gar nie statt.

Konfliktlösung im Wandel

Menschen entscheiden sich für Mediation, weil sie eigenverantwortlich und partnerschaftlich nach Lösungen suchen und vermeiden wollen, dass andere über sie entscheiden. Und die Mediation hat zum Ziel, Menschen zu befähigen, ihre Konflikte selbständig und einvernehmlich zu lösen. So weit, so gut – doch stehen diese schönen Worte nicht in krassem Widerspruch zur harten Realität in unserer Gesellschaft? Einer Gesellschaft, die im Alltag geprägt ist von Konkurrenzdenken, Wettbewerb, Macht- und Besitzstreben? Wäre da nicht zuerst ein radikales Umdenken notwendig, damit wir Menschen fähig werden, Konflikte anders als im Gegeneinander zu lösen?

In der Tat: «Wir müssen uns darüber klar sein, dass unsere Methoden zur Lösung grösserer Auseinandersetzungen und Konflikte bis jetzt grob und primitiv, unzulänglich und kostspielig, gefährlich und destruktiv gewesen sind», schrieb der Konfliktforscher Edward de Bono 1987 in seinem Buch «Konflikte, neue Lösungsmodelle und Strategien». Er postulierte schon damals einen grundlegenden Wandel in unserem Denken, was Konfliktlösungen anbelangt.

Vom Gegner- zum Partnermodell

Die Entwicklung und die allmähliche Verbreitung der Mediation lässt sich als ein Zeichen dieses Wandels verstehen. Es scheint, als seien immer mehr Menschen geneigt, im Umgang miteinander von Gegnermodellen abzurücken und sich Partnermodellen wie der Mediation zuzuwenden. Was unterscheidet die beiden Modelle?

Beim Gegnermodell, beim herkömmlichen Rechtsstreit, stehen sich Menschen als «Gegenparteien» gegenüber. Der Grundsatz heisst: Ich will nicht mit dir, sondern gegen dich etwas erreichen; ich will gewinnen, und du sollst verlieren. Gegner neigen zur Destruktivität: Es geht um Zerstörung, Erniedrigung, Blossstellung, Demütigung. Gegner kennen nur eine Wahrheit: die eigene.

«Das Gegnermodell», sagt der Familientherapeut und Mediator Josef Duss-von Werdt, «entspricht dem grossen Gesellschaftsspiel, das wir allgemein spielen: ‹Jagd nach dem Sündenbock›. Einer muss der Dumme sein. Wir leben in einer Zivilisation, in der die Tendenz besteht, dass jeder des anderen Wolf ist.»

Mediation ist ein Partnermodell. Die Menschen stehen sich zwar als in einen Konflikt verstrickte, aber grundsätzlich als gleichberechtigte Partner gegenüber. Sie lassen sich gemeinsam bestärken durch einen neutralen Dritten, der ihnen hilft, ihre Verstrickung zu entwirren. Mediation zielt nicht auf den Ausschluss des Gegenübers ab, sondern auf seinen Einschluss. Es gilt der Grundsatz des Sowohl-als-auch. Beide Parteien haben ihre Verdienste, Ansprüche, Bedürfnisse, die ernst genommen werden wollen. Es gibt mehrere Sichtweisen des Konfliktes und damit auch mehrere Wahrheiten, die alle ihre Berechtigung haben. «Es geht darum», so Duss-von Werdt, «zu geben und zu nehmen. Es geht um Loslassen und Behalten und nicht darum, dass du loslässt, damit ich alles behalte.»

Es ist zweifellos schwieriger, sich im Streit als gleichberechtigte Partner anzuerkennen und nach Konsenslösungen zu suchen, als im Dissens zu verharren und sich bis aufs Letzte zu bekämpfen. Wer aber den Weg einer partnerschaftlichen Lösung gehen will und sich für das Mediationsverfahren entscheidet, wird auf diesem schwierigen Weg Hilfe erhalten. Für Josef Duss-von Werdt gehören die Mediationsfachleute zur Gilde der «Friedensstifterinnen und Friedensstifter», zu denjenigen Menschen also, die eine besondere Fähigkeit zum Frieden haben – im Unterschied zu den «Fertigmachern und Fertigmacherinnen», von denen es in unserer Gesellschaft leider immer allzu viele gibt. Und: Menschen, die ihre Konflikte durch Mediation lösen, zählen zu den Mutigen und verdienen unseren Respekt.

Anhang

Gegenüberstellung: Gerichtsverfahren–Mediation

Streitige Gerichtsbarkeit	Mediation
Geht von Dissens unter den Beteiligten aus; Dissens bleibt nach Beendigung bestehen	Geht von Dissens unter den Beteiligten aus; strebt Konsens an
Bezweckt die Durchsetzung rechtlicher Ansprüche (Positionen)	Bezweckt die Befriedigung der Bedürfnisse und Interessen der Parteien
Das Recht als Bezugspunkt (blendet andere Gesichtspunkte aus): Nur das Rechtsrelevante wird ermittelt	Bezieht andere Gesichtspunkte bewusst ein (Interessen und Bedürfnisse der Parteien, Beziehungen, Gerechtigkeit, ökonomische Überlegungen, praktische Umsetzung, frühere Vereinbarungen etc.)
Nur beschränkt freiwilliges Verfahren (nicht freiwillig für beklagte Partei); Abbruch kann prozessuale und materiellrechtliche Folgen haben	Freiwilliges Verfahren, das jederzeit von jeder Seite (auch vom Mediator) abgebrochen werden kann
Abbruch des Streitverfahrens hat *res iudicata* zur Folge; keine Wiederaufnahme des Verfahrens möglich, Verlust des Rechtsanspruchs	Bei Abbruch der Mediation bleibt die streitige Gerichtsbarkeit möglich, weil mit dem Abbruch keine juristischen Folgen verbunden sind
Delegation der Entscheidung an einen Dritten (= Richter); dieser trägt Verantwortung für Verfahren und Entscheid	Eigenverantwortung der Parteien für die Lösung des Konflikts
Verfahren basiert auf strengen, vorgegebenen Prozessregeln	Verfahrensablauf lässt sich an die Bedürfnisse der Parteien anpassen; Regeln werden gemeinsam vereinbart

Das Beweisverfahren gemäss Zivilprozessordnung kann Fakten liefern, auf die sich das Urteil stützen kann	Parteien müssen Informationen und Fakten selber und freiwillig liefern
Zuständigkeit durch Gesetz und Prozessordnung vorgegeben	Mediatorin wird von den Parteien gemeinsam ausgewählt
Gerichtsprozess ist in der Regel öffentlich	Diskretion und Vertraulichkeit durch Ausschluss der Öffentlichkeit und der Medien (wahrt Privatsphäre)
Löst Streitpunkte aus der Vergangenheit, schliesst ab	Lässt über den rechtsrelevanten Rahmen hinaus auch Raum für die Gestaltung der Zukunft
Bindung an Parteibegehren (Positionen), Gesetz und Gerichtspraxis	Lässt Raum für die Kreativität der Parteien (der Kuchen lässt sich vergrössern)
Einfluss der Parteien auf das Ergebnis (= Urteil) ist limitiert	Parteien suchen das Ergebnis (= Lösung des Konflikts) selber und treffen eine gemeinsame Übereinkunft
Parteien kommunizieren nur mit und über den jeweiligen Anwalt	Parteien bleiben im direkten Dialog, auch wenn sie von Anwälten vertreten werden
Was Parteien einmal zu Protokoll gegeben haben, lässt sich nicht einfach zurücknehmen	Parteien können jederzeit auf ihre Äusserungen zurückkommen
Kosten- und Zeitaufwand sind schwer vorhersehbar und meist hoch (Dauer hängt nur partiell von den Parteien ab)	Effizient (Parteien bestimmen Dauer der Mediation) und kostengünstig

Quelle: Monika Roth, Suzanne Schwarz, Rolf Roth: «mediation@konflikte.streit.beziehungskisten.01», Schulthess Juristische Medien AG, Zürich 2001

Muster für einen Mediationsvertrag

Das folgende Musterbeispiel des Instituts für Mediation lässt sich den konkreten Gegebenheiten anpassen:

MEDIATIONSVERTRAG
zwischen
Partei 1 ______________________
und
Partei 2 ______________________
sowie
Mediator/-in ______________________
betreffend folgenden Konflikt:

____

____

Wir vereinbaren für das Mediationsverfahren Folgendes:

1. Die Parteien wirken in guten Treuen an der Mediation mit. Die Mediation ist freiwillig und kann jederzeit beendet werden. Die Verantwortung dafür, ob eine Lösung erzielt wird, liegt bei den Parteien. Die Parteien entscheiden selbstverantwortlich über das Verhandlungsergebnis.
2. Der/die Mediator/-in ist für die Parteien betreffend den Konflikt mit dem Ziel der Befriedung vermittelnd tätig. Der/die Mediator/-in hat keine Entscheidungskompetenz für die Parteien.
3. Der/die Mediator/-in ist neutral und von den Parteien unabhängig. Er/sie wird die Parteien von sich aus über Umstände, die in den Augen einer Partei Zweifel an seiner Unabhängigkeit und Neutralität aufkommen lassen könnten, informieren. Der/die Mediator/-in wird auch nach Beendigung dieser Mediation in keiner Form für die Parteien betreffend den Konflikt tätig sein ohne deren Zustimmung.
4. Die Parteien vereinbaren, für die Dauer der Mediation allenfalls hängige Verfahren zu sistieren und die dafür notwendigen Schritte zu unternehmen. Zudem werden sie während der Mediation keine neuen Verfahren einleiten. Sollten aufgrund dieser Verpflichtungen Verjährungen eintreten, verzichten sie während der Dauer der Mediation sowie während dreier Monate nach deren Beendigung auf die entsprechenden Verjährungseinreden. Sollten für die Wahrung von Fristen Verfahren eingeleitet werden müssen, sind diese gleichzeitig zu sistieren. Für die Wahrung

von Fristen sind ausschliesslich die Parteien verantwortlich; der/die Mediator/-in hat diesbezüglich keinerlei Beratungsfunktion.

5. Die Parteien behandeln sämtliche Informationen, die sie im Rahmen oder im Zusammenhang mit dieser Mediation erhalten, und den Inhalt der Mediationsgespräche und eines allfälligen Vergleichs vertraulich.
6. Der/die Mediator/-in verpflichtet sich zur Verschwiegenheit in Bezug auf das gesamte Mediationsverfahren. Sofern dem/der Mediator/-in ein gesetzliches Zeugnisverweigerungsrecht zusteht (z. B. Anwaltsmediatoren/-mediatorinnen oder Mediatoren/Mediatorinnen in Scheidungsverfahren), wird er/sie ohne schriftliche Zustimmung beider Parteien nicht als Zeuge in einem allfälligen Verfahren betreffend den Konflikt aussagen, wobei es selbst bei Vorliegen einer solchen Zustimmung in seinem/ihrem alleinigen Ermessen liegt, als Zeuge auszusagen oder nicht. Die Verpflichtung zur Verschwiegenheit und gegebenenfalls zur Zeugnisverweigerung bleibt ungeachtet der Beendigung des Vertrags bestehen.
7. Die Parteien zahlen dem/der Mediator/-in unabhängig vom Ausgang der Mediation das vereinbarte Honorar von Fr. ..... pro Stunde/Tag. Als Aufwand verrechnet werden nebst den Mediationssitzungen auch die Vorbereitungszeit, allfällige telefonische Vor- und Zwischenbesprechungen, die Reisezeit etc. Zudem sind dem/der Mediator/-in die üblichen Auslagen (für Telefonate, Porti, Kopien, Reisen etc.) zu ersetzen. Die Parteien verpflichten sich überdies, eine allfällig erhobene Mehrwertsteuer zu zahlen. Die Parteien übernehmen Honorar und Auslagen des Mediators/der Mediatorin sowie allfällige Mehrwertsteuern zu gleichen Teilen, haften aber solidarisch für deren Zahlung. Die eigenen Aufwendungen im Zusammenhang mit dieser Mediation tragen die Parteien selbst.
8. Dieser Vertrag tritt mit seiner Unterzeichnung in Kraft und wird auf unbestimmte Dauer abgeschlossen. Die Mediation ist beendigt, wenn

- die Parteien sich über den Konflikt einigen und dies in einem Vergleichsvertrag oder durch ein Protokoll des Mediators/der Mediatorin schriftlich festgehalten wird;
- eine Partei anlässlich einer gemeinsamen Sitzung die Mediation nicht mehr weiterführen will und an dieser Absicht auch nach Abschluss der Sitzung festhält;
- der/die Mediator/-in die Weiterführung der Mediation nicht als sinnvoll erachtet und nach einer Abschlussbesprechung mit den Parteien an dieser Ansicht festhält.

Zürich, 4. Mai 2015

Partei 1 ______________________________

Partei 2 ______________________________

Mediator/-in ______________________________

Musterbrief zur Kontaktaufnahme

Wenn Sie von einer Konfliktpartei gebeten werden, die andere Partei zur Teilnahme an einer Mediation zu motivieren, können Sie den folgenden Brieftext – an Ihren Fall angepasst – verwenden:

Herr Jan Huber
Musterstrasse 7
8037 Zürich

Frau Sophie Schmid
Taubenstrasse 10
3000 Bern

Zürich, 4. Mai 2015

Gemeinsames Gespräch

Sehr geehrte Frau Schmid

Ihr Nachbar, Herr Meier, hat mit mir Kontakt aufgenommen wegen der Probleme, die zwischen ihm und Ihrer Familie entstanden sind.
Er möchte diese Dinge gerne klären und schlägt vor, eine Mediatorin oder einen Mediator beizuziehen. Diese neutrale Fachperson könnte Sie und Ihren Nachbarn darin unterstützen, eine Lösung zu erarbeiten, die Sie beide als fair empfinden.
Ich wäre bereit, ein gemeinsames Gespräch zu arrangieren, an dem Sie unter Anleitung der Mediationsperson die anstehenden Probleme und Fragen angehen könnten. Ein solches Treffen könnte in Ihrer Nähe stattfinden, zu einem Zeitpunkt, der sich mit Ihrer Arbeit und mit Ihren anderen Verpflichtungen vereinbaren liesse.
Wenn Sie mich unter der Telefonnummer 044 111 11 11 anrufen, können wir uns über die näheren Umstände unterhalten.

Ich würde mich freuen, von Ihnen zu hören.

Mit freundlichen Grüssen
(Unterschrift)

Adressen

Mediation

Schweizerischer Dachverband
Mediation (SDM-FSM)
Schwarztorstrasse 56
3000 Bern 14
Tel. 031 318 58 17
www.infomediation.ch

Der Verband bietet kostenlose Beratung für Menschen in Konfliktsituationen: Telefon 0800 001 444. Die übersichtliche Website liefert kompetente Antworten auf viele Fragen und führt ein Verzeichnis der vom Dachverband anerkannten Mediationsfachleute.

Die folgenden Vereine sind Aktivmitglieder beim SDM-FSM:

Associazione Ticinese per la Mediazione (ATME)
www.mediazione.ch

Groupement Pro Médiation (GPM)
www.mediations.ch

Institut für Konfliktbearbeitung und Friedensentwicklung (ICP)
www.iicp.ch

Institut für Mediation (IfM)
www.ifm-suisse.ch
Mediationsforum Schweiz FH (MFS)
www.mediationsforum.ch

Schweizerischer Verein für Mediation (SVM/ASM)
www.mediation-svm.ch

swisspeace
www.swisspeace.org

Universitäre Mediation Schweiz (UMCH)
www.umch.ch

Verein für Mediation Liechtenstein (VML)
www.verein-mediation-liechtenstein.li

Verein Mediation Region Basel
www.mediation-basel.ch

Gerichtsnahe Mediation

Koordination Mediation Schweiz (KMS)
Schwarztorstrasse 56
3000 Bern 14
Tel. 031 318 58 17
www.mediationschweiz.ch

Die KMS ist eine Arbeitsgruppe folgender Organisationen:

Schweizerischer Anwaltsverband
www.sav-fsa.ch
Schweizerischer Dachverband Mediation
www.infomediation.ch

Schweizerische Kammer für Wirtschafts-mediation
www.skwm.ch

Europäische Richtervereinigung für Mediation – Schweizer Sektion
www.gemme.ch

Swiss Chambers' Arbitration Institution
www.swissarbitration.org

Mediation im Strafverfahren

Büro für Mediation in Jugendstraf-sachen
Zähringenstrasse 1 / Postfach
1701 Fribourg
Tel. 026 305 75 20
www.fr.ch/pj/de/pub/mediation.htm

Stelle für Mediation in Jugendstraf-verfahren
Beckenhofstrasse 23
8090 Zürich
Tel. 043 259 47 06
www.jugendstrafrechtspflege.zh.ch

MediSt Aargau – Mediation im Strafverfahren
Leitung Fachstelle
Seestrasse 7
6330 Cham
Tel. 079 757 38 69
www.medistaargau.ch

Literatur

Beobachter-Ratgeber

Bräunlich Keller, Irmtraud: **Arbeitsrecht.** Vom Vertrag bis zur Kündigung. 12. Auflage, Beobachter-Edition, Zürich 2013

Noser, Walter: **Hilfe im Schulalltag.** Von Absenzen bis Zoff – Leitfaden für Eltern in der Schweiz. Beobachter-Edition, Zürich 2011

Strebel, Dominique: **Mein Recht im Alltag.** Der grosse Schweizer Rechtsratgeber. 3. Auflage, Beobachter-Edition, Zürich 2012

Strub, Patrick: **Mietrecht.** Was Mieter in der Schweiz über Ihre Rechte wissen müssen. 8. Auflage, Beobachter-Edition, Zürich 2014

Trachsel, Daniel: **Scheidung.** Faire Regelung für Kinder, Wohnung und Finanzen. 17. Auflage, Beobachter-Edition, Zürich 2014

Trachsel, Daniel: **Trennung – von der Krise zur Lösung.** Kinder, Rechtliches, Finanzen. 3. Auflage, Beobachter-Edition, Zürich 2012

Weiterführende Literatur

Dulabaum, Nina L.: Mediation: **Das ABC.** Die Kunst, in Konflikten erfolgreich zu vermitteln. 5. Auflage, Beltz, Weinheim 2009
Die Grundlagen der Mediation, in alphabetischer Reihenfolge dargestellt. Gut geeignet als Einstieg ins Thema.

Duss-von Werdt, Joseph: **homo mediator.** Geschichte und Menschenbild der Mediation. Klett-Cotta, Stuttgart 2005
Duss-von Werdt, Altmeister der Mediation, stellt das Grundlegende und Nachhaltige der Mediation ins Zentrum und entwirft das Bild des vermittelnden Menschen und der Vermittlung als Lebenshaltung.

Fisher, Roger; Ury, William; Patton, Bruce: **Das Harvard-Konzept.** Der Klassiker der Verhandlungstechnik. 24. Auflage, Campus, Frankfurt a. M. 2013
Standardwerk über die Kunst des Verhandelns, anwendbar in allen Lebenslagen.

Glasl, Friedrich: **Selbsthilfe in Konflikten.** Konzepte – Übungen – Praktische Methoden. 6. Auflage, Haupt-Verlag, Bern 2011
Ein Buch von einem der bekanntesten Konfliktberater über Konfliktmanagement allgemein. Mit Übungen und ausführlich analysierten Beispielen.

Haynes, John M./Mecke, Axel; Bastine, Reiner/Fong, Larry S.: **Mediation – Vom Konflikt zur Lösung.** 4. Auflage, Klett-Cotta, Stuttgart 2014
Ein Standardwerk über Mediation, verfasst von bekannten Mediationspionieren und Ausbildnern. Mit vier ausführlich beschriebenen Fallbeispielen aus verschiedenen Lebensbereichen.

Kerntke Wilfried: **Mediation als Organisationsentwicklung.** Mit Konflikten arbeiten. 2. Auflage, Haupt-Verlag, Bern 2009
Ein Leitfaden für Führungskräfte, die das Entwicklungspotenzial von Konflikten nutzen möchten.

Roth Monika, Schwarz Suzanne, Roth Rolf: **mediation@konflikte.streit.beziehungskisten 1/3.** Schulthess Juristische Medien, Zürich 2001/2003
Leicht verständliche Darstellungen von Mediation, Konfliktberatung und Moderation (im letzten Band), mit vielen praxisnahen Beispielen.

Schulz von Thun, Friedemann: **Miteinander reden 1: Störungen und Klärungen.** 48. Auflage, Rowohlt Taschenbuch, Reinbek bei Hamburg 2010
Der Klassiker über die Psychologie der zwischenmenschlichen Kommunikation – leicht zu lesen, informativ und lehrreich.

Walker, Jamie (Hg.): **Gewaltfreier Umgang mit Konflikten in der Grundschule.** 6. Auflage, Cornelsen, Frankfurt a. M. 2011
Modelle der Intervention und Prävention im schulischen Kontext, die sich in den USA und Grossbritannien bewährt haben und die Jamie Walkers an verschiedenen Grundschulen in Berlin mit Erfolg erprobt hat.

Meine Notizen

Ratgeber, auf die Sie sich verlassen können

Beobachter edition

Besser verhandeln im Alltag

Jeden Tag verhandeln wir: mit den Nachbarn, den Arbeitskollegen, in der Familie mit dem Partner oder den Kindern. Dieses Buch gibt Tipps und zahlreiche Praxisbeispiele rund um souveräne und faire Verhandlungen in jeder Situation.

200 Seiten, Klappenbroschur
ISBN 978-3-85569-657-4

Besser schreiben im Alltag

Der Schnellkurs für die moderne Kommunikation: mit 200 Vorlagen zum Downloaden, für private Schreiben, Verträge, Reklamationen und vieles mehr. Mit diesem Buch trifft man den richtigen Ton und die Texte sind klar formuliert, wirkungsvoll und rechtlich korrekt.

352 Seiten, Klappenbroschur
ISBN 978-3-85569-605-5

Schweigen, schummeln, lügen

Wo ist die Grenze zwischen legitimer Schummelei und handfester Lüge? Wo reibt sich Unehrlichkeit an Wertvorstellungen und wo beginnt der Konflikt mit dem Gesetz? Erfahren Sie mehr darüber, denn wer mehr weiss übers Lügen, hat eine bessere Nase für die Wahrheit.

240 Seiten, Klappenbroschur
ISBN 978-3-85569-830-1

Die E-Books des Beobachters: einfach, schnell, online. www.beobachter.ch/ebooks